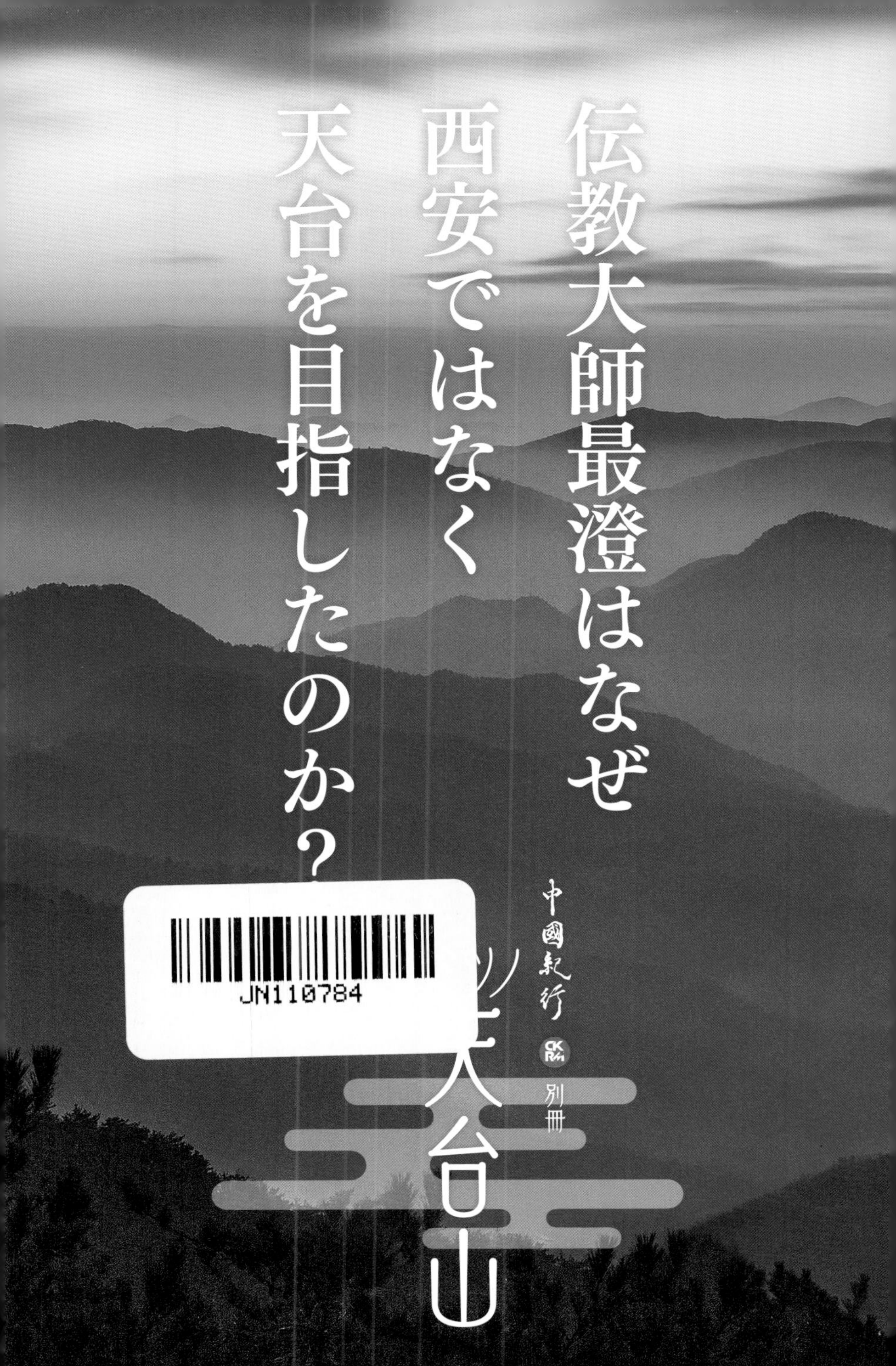

伝教大師最澄はなぜ西安ではなく天台を目指したのか？

中國紀行 CKRM 別冊

天台山

少年はやがて光を灯し菩薩となる

広野《ひろの》という少年は、経済的に豊かな家庭で育ちました。父親である百枝《ももえ》は多くの本を読み、品格と徳を備えた高尚な人物でした。百枝は「身帯敬順、心懐仁譲、内外共学」を常とし、天を敬い、人を憐れみ、周りの人に優しくも自らは控えめで「村人の鏡」のような存在でした。村の人々は彼を心から尊敬していて、道徳の模範としていたそうです。昔から百枝は衣食に拘ることもなく、村人からは尊敬されていましたが、身内には彼を侮る者もいました。これは、広野が産まれる前の出来事です。

百枝は結婚してから10年、広野を授かるまで子供に恵まれませんでした。結婚当初は若かったから良かったのですが、30歳の時に事件がおきたのです。この年、百枝の家は台風によって壊れてしまいました。台風が通り過ぎ、修理用の木を切る為に自分の山に登ったのですが、山頂の光景に唖然としました。家の修理用に育てていた木を、誰かが勝手に切って持っていったのです。山頂は一面、真新しい切り株だけが残っていました。通りかかった人が、百枝の従兄弟が人を連れて来て、切って持っていったと教えてくれました。百枝は性格の良い男でしたが、これには我慢が出来ず、烈火の如く怒りました。話をつける為、従兄弟の家に乗り込んだ時、従兄弟は悪びれることもなく言いました。「そうさ、木は俺が切った。だけどそれがどうだと言うのさ？お前には息子がいないだろ？息子がいなければ木だろうが、山の全てだろうが、遅かれ早かれ俺のものになる。何が悪い？」それを聞いた百枝は卒倒しそうになり、家に戻ると何日も寝込んでしまいました。寝込んでいる間、彼は子供を授かりたいと心から願い、その為に出来ることは何でもしようと固く決意したのです。

百枝は信心深い人でした。村の近くに日枝山という山があり、左側の麓に小さな神宮がありました。ここでは天神様や水神様と共に、観音様が祀られていました。聞く所によると、この観音様は霊験あらたかだというのです。百枝は、名前を唱えるだけで悩みを取り除いてくれると評判だった観音様に、子供を授けてほしいと頼むことに決めました。彼は一度決めたら確実に行動に移す、意志の強い人でもありました。観音信仰の起源はインドにあり、仏教とほぼ同時に日本に入ってきました。聖徳太子が広めたという『法華経』の普及に伴い、日本全国に広まったのです。奈良時代と平安時代に観音信仰と観音廟は日本各地に分布していきました。神仏に助けと加護を求めるには「閉門（隠遁）」と「精進」が必要といわれています。「閉門」

は二段階に分かれていて、第一段階は祭祀の前の準備段階です。百枝は祭祀が始まる前の三日間、風習にのっとり身を清め、精進料理を食べ、家の中の静かな一室で寝起きしました。三日たつと家を出て、神宮の右側に自らが建てた草庵で「閉門」の祭祀を始めました。「閉門」の祭祀では観音様の像を祀り、共に食卓につき、同じものを食べ、仕えます。草庵の中の灯火は一晩中絶やすことなく、眠ることもありません。水や食べ物が清浄であることはもちろん、使う火にすら穢れがあってはいけないので、山から清潔な薪を切り出し用意する必要があります。観音様に食事を作るときは、清浄を保つために家の中の火種が使えませんので、そのつどキリで火を起こすのです。百枝は草庵の中で、七日間精進潔斎すると決め、祭祀に臨みました。

百枝は三日三晩眠りませんでしたが、四日目の夜に少しうとうとしはじめ、まどろんでいるとき、突然目の前に光が射し、部屋中は光に包まれ、慈悲深い顔をした観音菩薩様が台座から降りて来たのです。彼は急いで身を起こし、ひざまずいて頭を垂れました。観音菩薩様はゆっくりと近づき「頭を上げなさい」と言いました。百枝がゆっくりと頭を上げると「受け取りなさい」と言います。そのとき、百枝は我が目を疑いました。観音菩薩様はその手に、産着にくるまれた赤ん坊を抱いていたのです。綿毛のような髪をした赤ん坊は、ぐっすり眠っていました。百枝は手を伸ばす勇気がなく、口ごもりながら「菩薩様、菩薩様、これは…」と言うと、観音菩薩様は笑って言いました。「早く受け取りなさい。お前でなければ、誰にあげればいいのだ?」百枝は手を伸ばして赤ん坊を受け取り、とめどなく涙が溢れ出しました。しかし、赤ん坊を受け取ったとたん、赤ん坊はふわりと手から離れてしまい、手には赤い産着だけが残りました。百枝は手を伸ばして赤ん坊を取り戻したかったのですが掴めず、叫び声をあげました。その瞬間、観音菩薩様も赤ん坊も消えました。草庵の中は明々と灯火が照っていて、慈悲深く百枝を見ている観音様の像が、まるで「早く帰りなさい、息子が先に家に戻っていますよ」と言っているようで、手には、赤い産着が残っていました。産着を見つめながら、百枝はつぶやきました。「見間違いじゃない、絶対に見間違いじゃない。観音菩薩様が霊験を現してくれたのだ。私には、息子ができたのだ」。五日目の朝、百枝は七日間精進潔斎すると決めていたにもかかわらず、慌てて家に帰りました。それほど、嬉しくてたまらなかったのです。そうして産まれた百枝の赤ん坊は広野と名付けられ、のちの最澄になるのです。

朱封鰲・曹志天／等著『日本高僧西遊記』より

輝き続ける不滅の法灯

延暦寺根本中堂　最澄自刻と伝わる薬師如来と不滅の法灯

CONTENTS

特集　最澄の道、天台山へ

[遣隋使・遣唐使一覧表]

回数	出発年	到着年	帰国年	大使	副使	その他派遣者	船数	備考
遣隋使								
1		随：開皇20年 （600年）						『随書・東夷伝・倭国』に「開皇20年、倭王、姓は阿毎、字は多利思比孤、阿輩鶏と号し、使いを遣わして闕（みかど）に詣（まい）らしむ。上、所司（しょし）をしてその風俗を問わしむ」とある。
2	随：大業3年 日：推古15年 （607年）	随：大業3年 日：推古15年 （607年）	随：大業4年 日：推古16年 （608年）	小野妹子		鞍作福利（通訳）		「日出処の天子……」の国書を持参。帰路、随使・裴世清が来日。
3	随：大業4年 日：推古16年 （608年）	随：大業4年 日：推古16年 （608年）	随：大業5年 日：推古17年 （609年）	小野妹子	吉士雄成（小使）	高向玄理ほか、留学生、留学僧各4名		随使・裴世清が帰国。
4		随：大業6年 （610年）						『随書・煬帝紀』に「（大業）6年正月、……倭国が遣いに貢ぎ物を持たせる」とある。
5	随：大業10年 日：推古22年 （614年）		随：大業11年 日：推古23年 （615年）	犬上御田鍬	矢田部造	恵光、恵日 霊光、勝鳥養 恵雲		
遣唐使								
1	唐：貞観4年 日：舒明2年 （630年）	唐：貞観5年 日：舒明3年 （631年）	唐：貞観5年 日：舒明3年 （631年）	犬上御田鍬		薬師恵日		唐使・高表仁が来日。 僧の旻が帰国。
2	唐：永徽4年 日：白雉4年 （653年）	唐：永徽5年 日：白雉5年 （654年）	唐：永徽5年 日：白雉5年 （654年）	吉士長丹 高田根麻呂	吉士駒 掃守小麻呂	道昭 定恵	2	第2船唐に向かう途中で遭難。
3	唐：永徽5年 日：白雉5年 （654年）		唐：永徽6年 日：斉明元年 （655年）	高向玄理（押使） 河辺麻呂	薬師恵日		2	高向玄理が唐にて死亡。
4	唐：顕慶4年 日：斉明5年 （659年）		唐：顕慶6年 日：斉明7年 （661年）	坂合部石布	津守吉祥	伊吉伝徳	2	第1船は唐に向かう途中南シナ海の島に漂着。坂合部石布は現地の島人に殺害される。
5	唐：麟徳2年 日：天智4年 （665年）		唐：乾封2年 日：天智6年 （667年）	（送唐客使）守大石		坂合部石積 吉士岐弥 吉士針間		唐使・劉徳高帰国。唐使・法聡が来日。
（6）	唐：乾封2年 日：天智6年 （667年）		唐：乾封3年 日：天智7年 （668年）	（送唐客使）伊吉伝徳				唐使・法聡帰国。
7	唐：総章2年 日：天智8年 （669年）	唐：咸亨元年 日：天智9年 （670年）		河内鯨				

回数	出発年	到着年	帰国年	大使	副使	その他派遣者	船数	備考
8	武周：長安2年 日：大宝2年 (702年)	武周：長安3年 日：大宝3年 (703年)	武周：長安4年 日：慶雲元年 (704年)	粟田真人(執節使) 高橋笠間	坂合部大分	山上憶良 道慈	4	
9	唐：開元5年 日：養老元年 (717年)		唐：開元6年 日：養老2年 (718年)	多治比県守(押使) 大伴山守	藤原馬養	阿倍仲麻呂 吉備真備 玄昉、井真成	4	
10	唐：開元21年 日：天平5年 (733年)		唐：開元23年 日：天平7年 (735年)	多治比広城	中臣名代	平群広成 大伴古麻呂	4	帰途に第3船が荒波に遭い、平群広成は崑崙国に漂着する。天平11年(739年)10月27日に帰国。第4船は嵐に遭い戻ってこなかった。
(11)	唐：天宝5載 日：天平18年 (746年)			石上乙麻呂				中止
12	唐：天宝11載 日：天平勝宝4年 (752年)	唐：天宝12載 日：天平勝宝5年 (753年)	唐：天宝13載 日：天平勝宝6年 (754年)	藤原清河	吉備真備 大伴古麻呂		4	鑑真が来日。第1船は帰途に嵐に遭い沈没。藤原清河と阿倍仲麻呂は帰らなかった。
13	唐：乾元2年 日：天平宝字3年 (759年)		唐：上元2年 日：天平宝字5年 (761年)	高元度(入唐大使を迎える使者) 内蔵全成(判官)			1	渤海を経由して唐に入る。安禄山の乱のため結果を出せず。内蔵全成は渤海から帰国。
(14)	唐：上元2年 日：天平宝字5年 (761年)			仲石伴	石上宅嗣 藤原田麻呂			船の破損で出発を中止。
(15)	唐：宝応元年 日：天平宝字6年 (762年)			中臣鷹主(送唐客使)		高麗広山		唐使は沈惟岳。海を渡らなかった。
16	唐：大暦12年 日：宝亀8年 (777年)		唐：大暦13年 日：宝亀9年 (778年)	小野石根 (任命の印である節刀を持った持節副使)	大神末足		4	大使佐伯今毛人は病を口実に行かず大伴益立、藤原鷹取の両副使を小野石根を持節副使、大神末足を副使に変更した。第1船は帰途に遭難。小野石根と唐使の趙宝英が死亡。
17	唐：大暦14年 日：宝亀10年 (779年)	唐：建中元年 日：宝亀11年 (780年)	唐：建中2年 日：天応元年 (781年)	布施清直 (送唐客使)		多治比広成	2	唐使・孫奮進帰国。
18	唐：貞元20年 日：延暦23年 (804年)	唐：貞元20年 日：延暦23年 (804年)	唐：元和元年 日：大同元年 (806年)10月	藤原葛野麻呂	石川道益	最澄 空海 橘逸勢 霊仙	4	石川道益が唐で病死。唐に向かう途中、第3船が肥前松浦郡で遭難する。
19	唐：開成3年 日：承和5年 (838年)	唐：開成4年 日：承和6年 (839年)	唐：開成4年 日：承和6年 (839年)	藤原常嗣	小野篁	円仁	4	承和3年、承和4年の二度渡航に失敗。その後小野篁が病を理由に行かず流罪に処される。帰途の間に新羅の船を9隻雇い帰国。第2船は南シナ海に漂着した。知乗船事・菅原梶成が大隅国に帰国した。
(20)	唐：乾寧元年 日：寛平6年 (894年)			菅原道真	紀長谷雄			

南無宗祖根本伝教大師福聚金剛《なむしゅうそこんぽんでんぎょうだいしふくじゅこんごう》

比叡山延暦寺を建てた日本の天台宗（天台法華宗）の開祖であり、伝教大師として名を残す最澄。

先祖は中国・後漢の献帝の子孫にあたり、応神天皇の時代に日本に渡来した登萬貴王《とまきおう》と伝わる。

幼くして近江国の大国師・行表に師事し、14歳のときに正式に出家、得度を受けた。18歳にして東大寺において具足戒を受ける。こうして若きエリート僧となったが、彼はみずからを強く批判し、心のなかの煩悩を断ち切るため比叡山に登り、世界を仏の慈悲が満ちた浄土にすると誓いを立てて山林修行者となった。

3年後の延暦7年（７８８）、比叡山のなかに草庵を建て、側の御堂に自ら彫った薬師如来を置いて本尊とした。これが、のちの延暦寺の根本中堂となる。

修行に打ち込む最澄のもとへ、多くの修行者が集った。鑑真(がんじん)の一番弟子・道忠もそのひとりで、所蔵する多くの天台学の経典を書写して最澄に贈っている。

延暦13年（７９４）、都が平安京に遷されたのに伴い、最澄は桓武天皇に招かれ、いたく信頼を得たのみならず、内供奉《ないぐぶ》という、いわばアドバイザーにまで選ばれた。30歳のころである。

高雄山寺（神護寺）で法華会という国家事業をも手がけるようになった最澄だが、かねてより中国に渡って最新の仏教を学びたいという思いがあった。無名であった空海とは違い、最澄はすでに桓武天皇の信任を得ており、遣唐使の一員となるのに障害はない。1年間の短期留学生として渡海することとなった。

むろん、当時の日本人の航海術や造船技術はなんとも心もとなく、命がけの渡航である。それでも最澄は唐に行き、みずから最新の経典に触れたかったのだろう。

延暦22年（８０３）、晴れて25年ぶりの遣唐使船に乗り込むも、すぐに船が損傷して航行不能となり、翌年に延期となった。このアクシデントで、空海がその翌８０４年の遣唐使の一員に偶然のように加わったことで、日本仏教界の歴史は大きく変わった。とはいえ、このとき最澄は空海の名どころか存在すら知らなかったはずだ。両雄の出会いは唐での留学を終えた帰国後に持ちこされるのである。

伝教大師

最澄【さいちょう】

【伝教大師最澄 略年表】

天平 神護2年(766)
近江国(滋賀県)に生まれる。幼名は広野(767年説もあり)

宝亀10年(779)
近江国分寺で出家

宝亀11年(780)
得度

延暦4年(785)
東大寺で具足戒を受けて間もなく比叡山に入山

延暦7年(788)
一乗止観院創建

延暦17年(798)
比叡山で法華十講を修す

延暦23年(804)
遣唐使船で入唐。天台山にて行満などに学ぶ

延暦24年(805)
帰国。桓武天皇の要請で高雄山寺で灌頂壇を開く

延暦25年(806)
年分度者認可(天台宗開宗)

弘仁3年(812)
空海から金剛界・胎蔵界の灌頂を授かる

弘仁4年(813)
空海に『理趣釈経』などの借覧を請う

弘仁8年(817)
『照権実鏡』で徳一の『仏性抄』に反論する
下野国の大慈院や上野国の浄土院におもむく

弘仁9年(818)
『天台法華宗年分学生式』を記す

弘仁12年(821)
『法華秀句』を著す

弘仁13年(822)
6月4日、比叡山で入寂。同月11日、大乗戒認可が下りる
11月、嵯峨天皇より六韻の哭詩を賜る

貞観8年(866)
清和天皇より、「伝教大師」の諡号が贈られた

昔、僧侶は仏を拝むときは灯芯を多くし
灯りを強くするほどよいとされていた。
それによって仏像は煙で燻され黒くなり
道璿《どうせん》はこれを罪深いことだと考えた。
道璿は仏像が黒くなるなら
1本の芯だけを残し、他は消すべきだと主張した。
それこそが仏に対する本当の尊敬と配慮であるといって。
最澄は仏を拝むとき
必ず灯りの芯は1本だったという。
師匠の行表は、薄暗い灯りの中で心を込めて拝む姿に

最澄の道、天台山へ

未来を見たのだろう。
無数にある経典の中で
１本の灯りを見つける最澄の姿を。
やがて荒波を越えて唐に渡る、弟子の姿を――。

観宗講寺《かんそうこうじ》は最澄が上陸した唐の時代にはなかったが、最澄の入唐着岸聖跡の碑が建っている。昔の船着場のそばにある天台宗の寺であることから、2011年に日本の天台宗の半田孝淳《はんだこうじゅん》座主猊下《ざすげいか》によって記念碑ができた。寺は北宋時代に建立され、禅宗全盛の時代の中でも天台宗の中心道場であり続けた。

ここにはかつて日湖という湖があり、その中にあった蓮心島という島に観宗講寺はあったのだが、今では日湖の水は無くなっている。2010年に資料を元に日本の天台宗の僧侶が訪れ、この場所を見つけたのだそうだ。古い地図の中には川もあるが、この水も今は無くなっている。そばには月湖という湖もかつてあり、二つの湖を合わせると「明」という字になるが、この二つの湖が明州（現在の寧波《ねいは》）を象徴していた。最澄一行は804年、50日間も海上をさまよいやっとの思いで辿り着いた明州で、牒《ちょう》という今でいうところのビザをもらい、臨海にある台州府までの160㎞を陸路で向かった。なぜ天台山に直接向かわなかったのかというと、天台山のある台州の滞在ビザが必要だったからだ。

この時に面会した台州勅使の陸淳《りくじゅん》によって、当時の天台宗で最も優れた高僧である道邃《どうすい》に出会うことができたという。もしかしたらこの時、最澄は勅使という最高長官だった陸淳と、唐王朝で使われていた共通言語を話すことができ、その深い智慧を知ることになった陸淳は、このような計らいをしたのかもしれない。道邃は陸淳の依頼で『摩訶止観《まかしかん》』の講義をするため、たまたま天台山から台州の龍興寺に来ていたという。

観宗講寺の印超住職はこう言った。「各大師や高僧の苦労無くして、今の仏教はありえない。一時は衰えた中国の仏教も、日本や韓国に残っていたので教えを学び直すことができて、文化を取り戻せた。最澄大師の時の遣唐使船は4船のうち、第3船は座礁遭難、第4船も遭難している。唐に辿り着いた第1船は霞浦まで流れて、無事に指定港である明州に着いた第2船も50日間海をさまよった。この時に体を病で蝕まれたというが、そのようなお体でも天台教義の真髄を求め、厳しい旅をしながらも多くを学び、日本へ持ち帰り宗派を興してくれた最澄大師に、心から感謝している」。記録から読み取れる最古の日中文化交流は、仏教交流だったのかもしれない。

観宗講寺

【かんそうこうじ】　浙江省寧波市海曙解放南路18番地6号

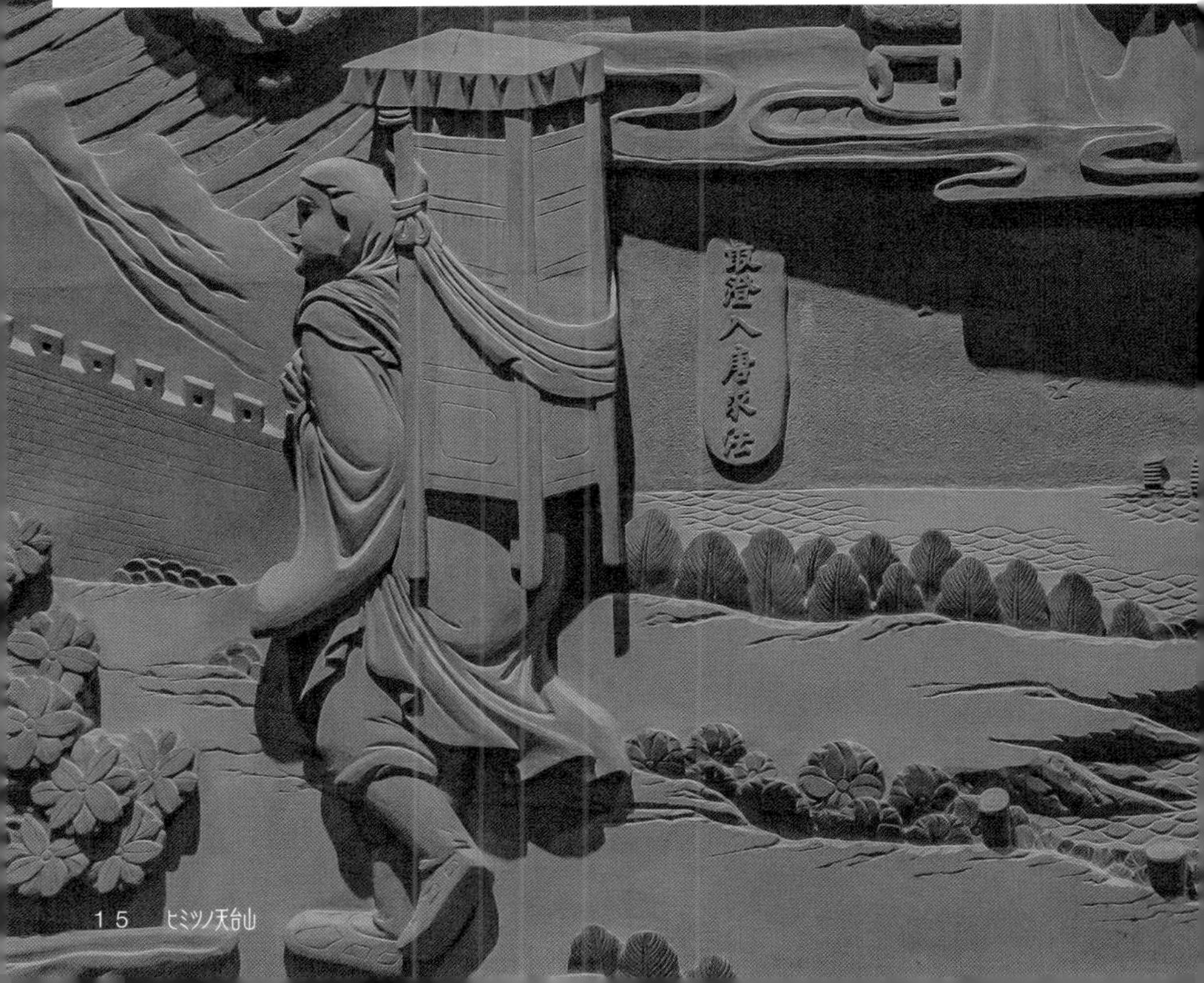

龍興寺

【りゅうこうじ】
浙江省臨海市赤城路２号

龍興寺には日本の天台宗より贈られた最澄と道邃の像が祀られている。この寺は昔から、多くの外国人が天台山にのぼる前の入り口的な場所だったのだろう。釈文峰住職は僕らの問いかけに優しく丁寧に答えてくれた。この千仏塔の前でお話を聞いていると、在りし日の最澄と義真の面影が寄り添ってくれているように感じた。

仏教は天下大衆の教えであり、どこの国の人だとか、どんな地位の人だとか、性別や年齢も関係ない。教義を求める人には教えるのです。円融《えんにゅう》の考え方こそ大切で、他の宗派だからとか、他の信仰をお持ちだからという理由でお教えしない事もありません。そもそも、色々な考えや環境の人たちが共にいられるための和合文化こそ、中国古来の考え方なのです」と、龍興寺を訪れた僕らに、釈文峰住職は教えてくれた。

天台宗には一念三千《いちねんさんぜん》と三諦円融《さんたいえんにゅう》という、二つの思想の元に58の教えがあり、涅槃に辿り着くまでに5つの段階と、8つの教義が存在しているのだそうだ。人によって伝えるべき事が違うので、それぞれに合った教えから説法していくという。早く悟る方法もあるようだが、仏法は８４０００もあるそうだ。釈文峰住職は45代目の世代にあたり、最澄に天台教義を伝えた道邃は、宗祖の天台智顗《ちぎ》から数えて7代目である。仏教が中国に入り初めて出来た宗派が天台宗なのだ。龍興寺は７０５年に建立された。元々は神龍禅寺という名で、現存する建物は右の写真に写る千仏塔だけだが、これは最澄が訪れた時からあるもの。最澄はこの寺に6ヵ月滞在したと言われているので、唐にいたほとんどの時間を過ごしていたことになる。

台州府

【たいしゅうふ】

台州市臨海市石村路６号 臨海江南長城

唐の時代はまだこのような形ではない江南長城の中に、かつては台州府があった。この門を出て最澄らは天台山へ向かったと伝えられている。台州府からは船を使って天台山に行けたようだが、その地理的条件で明の時代は倭寇がここまで攻めてきていた。現代も残っている江南長城は、その侵攻を阻むためにできたものだ。

最澄の師匠は、道邃《どうすい》と行満《ぎょうまん》という高僧で、道邃により『天台小止観』を龍興寺で写している。道邃は天台宗の第七祖で、主に行満と倏然《しゅくねん》から教えを受けたようだ。龍興寺は台州府のあった江南長城のそばにあり、台州は唐の時代から海の玄関口として栄えていた。

台州には様々な方言が混在していて、少し前までは隣の村の方言すら違っていたという。千仏堂の前で最澄は道邃から、義真と共に菩薩戒を受けているのだが、最澄の通訳として同行した義真は、どの地域の中国語が喋れたのかは記録に残されていない。少し前まで隣村の言葉もわからないような環境でも、今の共通語のように、中央に通じる人たちの共通言語があった。最澄は中国語を理解していなかったので、通訳が必要だったとされているが、当時の事情を考えると、もしかしたら最澄は中国の共通言語は理解していたが、それだけでは天台山で学ぶのに不都合があったのかもしれない。天台山は唐の中心地である長安からとても離れている。中国には今でも共通言語だけでは通じない、昔からの文化を守る人たちがいる。そういう人たちの話を聞くためには現地の通訳を雇うのだが、もしかしたら義真は、台州の言語に精通していたのかもしれない。

最澄、菩薩戒を受け天台山に登る――。

天台山国清寺

【てんだいさんこくせいじ】

浙江省台州市天台県国清路

天台山の国清寺には沢山の宝があるが、その多くは北京の故宮から運ばれたもの。しかし、今でも最澄が見たであろう景色を見ることができる。一つはP13の写真にある隋の時代に建立された塔で、今は入ることができない。右頁の菩薩のレリーフは隋代の塔から運び出されたもの。隋の時代からある梅の木は、一度枯れたが、ある時代に蘇ったと伝えられている。今でも毎年、沢山の梅の実を実らせている。

龍興寺から船を使い、道邃の導きで最澄たちは国清寺に辿り着く。国清寺のある天台山には、このような物語が残っていた。

天台山は元々、洋々たる大海だったという。ここに住んでいた人たちは漁で生計を立てていた漁民だったが、しばしば荒波にでくわし、船は壊れ人が死ぬ、ひどい有様が続いていた。

この地域を管理していた東海竜王の元に、善き心を持つ九人の王子がいた。九人の王子は漁民たちを救うため、それぞれが痛みに耐えて鱗を抜き、それを巨大な八葉の蓮の花に仕立て、大海に浮かべることにした。この巨大な蓮の花のおかげで、漁民たちは風と波をよけることが出来るようになり、船が壊れて人が死ぬことはなくなったという。

ある日、西王母がこの蓮の花を見つけ、こんな綺麗な蓮の花は漁民たちには勿体ないと言い、これを奪うために部下の兵士を派遣してきた。西王母の命令とはいえ、九人の王子は承服できずに対抗し、七日七夜闘ったが、数には勝てず敗北した。

蓮の花が奪われたら、漁民たちを荒波から守ることは出来なくなる。どうすれば良いかを考えていると、一番下の王子がひらめいた。「お兄さんたち、蓮の花を山にして、海を埋めてしまいましょう。漁民たちが海の苦しみから永遠に解放されるように」。兄達は声を揃え「よし」と言った。その声が轟くや否や、巨大な蓮の花は、八葉の蓮の形に似た天台山へと変わった。

美しい八葉の蓮の形をした天台山は、長い月日を経てその広く深い花弁の中心に、智顗《ちぎ》という僧を受け入れた。智顗はこの場所で、中国初の仏教宗派となる天台宗を創始したのだ。蓮の花の形をした山で始まった天台宗が「蓮の花の経」である『妙法蓮華経』を主経としたのも、偶然ではないのだろう。

これより200年後、天台山は東国から海を渡りやって来た僧、最澄を受け入れることになる。

天台《てんだい》智顗《ちぎ》によって天台山が開山される前、天台山は仙人の住む山と呼ばれていた。今も天台山の隣にある赤城山には道教の道観がある。中國紀行CKRM第11号の道教特集で話しているように、道教とは仙人を目指す修行者たちの教義である。仙人とは一人二人でなく、何万人もの後世を生きる人たちを救う存在で、多くの人に救いを与えた英雄は、道教の神になることが多い。

最澄の開山した比叡山にも元々修行者がいて、比叡山は昔、日枝山という字で記されていた。天台山を開山したとき、天台智顗はこの山で、ここにいた人たちと、どのような交流があったのだろう。赤城山から月の化身である兎と、太陽の化身である八咫烏《やたがらす》の像が出土している。この二つの像の首の上は窪んでいて、ここに何が嵌められていたかはわかっていない。月の化身である兎と、太陽の化身である八咫烏。日本の神話にも出てくる象徴的存在が、この地で発見されているのだ。最澄が天台山で学びたいと望んだ天台教義は天台智顗が記したものではなく、道邃が纏めたものである可能性があると聞いた。その道邃の導きで天台山にのぼった最澄は、この地で何を見て、何を想ったのか。

佛

二人の老師から頂いた『日本高僧西遊記』と、国清寺の弁観住職に頂いた『天台九祖傳』。この二冊の本を頂けたことで、インドから仏教が伝わり、中国で生まれた天台宗についてと、中国で最澄がどのように思われているかを知ることができた。天台山は寒山拾得の和合文化の発祥地であることも広く知られているようだが、やはり日本人の僕としては、日本の天台宗の開祖、最澄の話を沢山聞けたのが嬉しかった。

中国で『日本高僧西遊記』を記した二人の老師、朱封鰲《ヂュ・フォンアオ》さんと曹志天《ツァオ・ヂィティエン》さんに直接著書を贈られた僕らは、お話をうかがえる機会も頂けた。偶然にも以前東京で出会っていた、天台山和合芸術館の創始人、沈中明《シェン・ジョンミン》さんのオフィスの中で。巻頭の物語はこの著書の中にあるお話。今回の特集では中国で最澄がどのように思われているのかを知りたかったので、多いに参考にさせて頂いている。天台教義は唐の道邃の時代、他の仏教宗派や他の宗教の良い要素を取り込んだことで、円融《えんにゅう》した素晴らしい教義になったという。天台智顗の時代には儒教の良い要素も組み込まれていて、開山した場所からいって道教の良い要素も取り込んでいる。

中国禅宗の開祖、達磨のいた嵩山《すうざん》が五岳信仰の中岳にあたるが、仏教の中に山岳信仰の要素を取り込んだのも、天台智顗だったのかもしれない。様々な信仰や風習、文化の要素を円融して、中国で初めての仏教宗派である天台宗は生まれた。それから世代が移るごとに要素は加わり、天台教義はやがて聖徳太子や鑑真によって、遠い海の果てにいた最澄の元へと届いた。

その時代に日本にあった仏教に対して、天台教義に違う何かを感じたのだろう。最澄の言葉に「一隅を照らせ」という言葉がある。全てのことの区別を与えず、もちろん侮蔑することなく、自らを律しながらも、自らを蔑んだ言い方をする。そんな人が現代にいたら、今は生きにくい世界になっているかもしれない。しかし、このような人に運良く出会えたとしたら、心から喜べるのではないだろうか。

仏教は如来になり、涅槃《ねはん》に行くのを目的としていると思っている人もいるだろうが、仏教の世界観は簡単に書くことができない。ただ、僕の理解では菩薩とは涅槃に行くことなく、涅槃を目指す人たちを導く存在だということ。涅槃に背を向け、いまだ浄土になることない人の世を極楽浄土にするためにも、涅槃を目指す修行者たちを導く存在だ。最澄とは、そのような人だったのではないか。

赤城山で出土した兎像

赤城山で出土した八咫烏像

今も続く日本の宗派はたくさんあるが、その多くの宗派の開祖は比叡山で修行している。阿弥陀聖《あみだひじり》と称される空也、浄土宗開祖の法然、浄土真宗開祖の親鸞、臨済宗開祖の栄西、曹洞宗開祖の道元、日蓮宗開祖の日蓮、今も残る様々な宗派の開祖や大師、素晴らしい高僧が比叡山で修行していた。天台智顗の開山した天台山も、そのような場所だったのではないだろうか。

中国で生まれた有名な仏教宗派は八宗というが、その筆頭であり最古の宗派が天台宗である。少なくとも最澄が日本にもたらした天台宗は、釈迦より後の世代によって、文化の違う地域に入り、様々な要素が融和している。その一つ一つを突き詰めた修行者たちが、それぞれの答えを出していったのだろう。専門的な知識を極めるためには資質だけでなく、時間が必要だ。それだけにのめり込める時間が。

資質があり、のめり込む時間があったとしても、自分に何の資質があるか、理解している人は少ないだろう。ただ好きというだけでは、資質があるとは言えない。逆に好きではないことに資質があるかもしれない。人は自分のことすら、中々理解できていない。そんな時、世の中にある専門分野の数々を把握し、それぞれの資質に合わせて導いてくれる人がいたらどうだ。きっとそれぞれの資質に合わせた、素晴らしい華を咲かせることになるだろう。

資質があり、華を開いた人が如来になれるとしたら、きっと華を育てる導き手が菩薩なのだ。旅を進めるうち、僕の頭の中では、伝教大師最澄と菩薩が重なっていった。

２７　ヒミツノ天台山

峯山道場

【ほうざんどうじょう】

浙江省紹興市

峯山道場の丘から眺めた紹興市の街並み。最澄もこのあたりから景色を見ていたかもしれない。

最澄が順暁阿闍梨から灌頂を受けた峯山道場は、紹興市にある。かつて壊された山頂の如来の顔も、今は綺麗に復元されている。右頁の写真が山頂の岩なのだが、これを削り掘られたお顔は、当時の面影のままに組み立てられている。お顔を守るためにある廟の扉を開けた瞬間、その大きさに驚かされた。

最澄は可能な限りの経典を集め、様々な宗派の儀式に精通した高僧からも学ぼうとしていた。この時代、都の長安では真言密宗が広まっていたのだが、この時はまだ、最澄は空海の存在を知り得なかった可能性が高い。例え知っていたとしても、空海を意識して真言密宗の教えを求めたということはないだろう。

　最澄は天台教義の中に、真言密宗の要素を見つけたのではないか。先で書いたように、天台教義は様々な要素が円融した教えである。円融している要素の、それぞれの根本も知る必要があると感じ、専門家を訪ねたのではないか。台州の龍興寺と同じ名前ではあるが、紹興の龍興寺は真言密宗の寺だった。この寺の順暁阿闍梨《じゅんぎょうあじゃり》に真言密宗の教えを請いにうかがったが、あいにく順暁阿闍梨は留守だった。紹興からの帰路につく最澄の心を思うと、残念という気持ちよりも焦りの方が強かったのではないか。しかし最澄は、峯山道場で順暁阿闍梨に出会えたのだ。

　ここで真言密宗の灌頂《かんじょう》を受けることができたので、空海帰国前の日本の高雄山寺で、初めての灌頂壇を開くことになる。これは桓武天皇の要請あってのことだが、桓武天皇と最澄の間には知っていてほしい逸話がある。最澄の絵や像を見ると、他の僧侶の像では見られない何かを被っているのがわかる。これは、寒い比叡山で修行する最澄の身を案じ、桓武天皇が自身の着ていた衣服の袖を破り、最澄の首に巻いたが、桓武天皇の心に感動した最澄が「もったいのうございます」といって頭に乗せたのが始まりとされている。これを日本の天台宗では帽子《もうす》と読み、以降の座主猊下もこれを習った。あの帽子は、日本の天台宗の最上位と天皇の関係を象徴した、日本独自のものなのだ。

　８０５年５月18日に最澄らは明州の三江港から日本に帰り、８０６年１月26日、天台法華宗年分度者等認可され、正式に日本の天台宗が開宗した。

比叡山の麓には坂本という町がある。坂本には伝教大師最澄が産まれた場所に建立された生源寺《しょうげんじ》や、比叡山で修行した多くの素晴らしい大師の中でも、比叡山延暦寺の中興の祖として知られている元三大師良源《がんざんだいしりょうげん》の晩年の里坊であった弘法寺という寺がある。その弘法寺の現在の住職である、清原住職にお話をうかがわせて頂けた。仏教が伝来して聖地になっている場所は、元々何かしらの信仰対象があったと考えている僕に、清原住職は窓の外に見える山頂の社を見つめながら、「あれが元々比叡山にいらっしゃった神である大山咋神《おおやまくいのかみ》が祀られている場所です」と、教えてくれた。この山は八王子山という山で、比叡山が日枝山といわれていた時代からの聖地である。日吉、日枝、山王神社の総本社である日吉大社の奥宮であり、山王信仰の発祥地なのである。また比叡山には、かの聖徳太子も参拝したと伝えられている。古来より山といえば比叡山を指していたという根拠は、確かにあるのだろう。巻頭の物語は最澄の

父である百枝(戸主は浄足)の話で、姓は三津首《みつのおびと》といい、最澄の幼名は広野である。漢王朝の最後の皇帝である献帝(劉協)の子孫、登萬貴王《とまきおう》が応神天皇15年に来朝帰化されて、三津首の姓を賜わり、近江国滋賀郡を領せしめられ、代々滋賀郡坂本で暮らしていたのだそうだ。

『三国志』に記される献帝は漢王朝最後の皇帝であると同時に、同情に値する皇帝でもある。漢王朝が献帝の時代に滅亡したのは、彼が無能だったからではなく、彼が若すぎたために野心家達が脇を固めていて、彼を生涯に渡って傀儡にしてしまったからなのだそうだ。献帝の名は劉協、字を伯和、または合と言い、霊帝の第二子であり、渤海王に封じられたのちに陳留王に移封された。１８９年、長安に攻め入った董卓《とうたく》は劉協を董太后(霊帝の生母。生まれてすぐに母を失った劉協を引き取って育てた)の子だと思い込み、さらに劉協の方が兄の劉弁より才能豊かだったため、少帝劉弁を廃して劉協を皇帝の座につけた。董卓が司徒(中国古代の官名)の王允《おういん》と呂布《りょふ》に謀殺されると、董卓の部下李傕《りかく》らは長安に攻め入り、再び献帝を担ぎ出した。

その後、献帝はあらゆる手を講じて長安を逃げ出したが、曹操の保護下に入ってしまう。曹操は許昌に遷都し「天子を擁して諸侯に令」した(献帝を利用した)のである。２２０年に曹操が病死すると、献帝は曹操の息子である曹丕《そうひ》によって支配された。ほどなく曹丕は献帝に禅譲を迫り、魏を建国。献帝を「山陽公」に封じて、自分の領土に住み漢朝の服を着る事を許し、漢朝の廟を建てた。献帝は２３４年に病死、享年54歳であった。献帝の死後も中国では戦乱の世が続き、のちの伝承では献帝の子孫は生き残りと安全のために海を渡り、日本にやってきたのだという。大国の皇帝の末裔であることから、日本の天皇は彼らに近江の国の地を与えたと伝えられている。

比叡山にある八王子山では、天智天皇の時代から大己貴神《おおなむち》が第一神にされている。大己貴神は大国主命《おおくにぬしのみこと》の別名で、瓊瓊杵尊《ににぎのみこと》の天孫降臨以前からいた、国津神という代表的な地主神の主宰神とされている。いわゆる国譲りをした張本人だ。清原住職は言った。「元々あの山では、大山咋神を第一の神として祀っていたというのが大事なのです」と。信仰が、施政者と共にあったということを忘れてはいけない。歴史はきっと、より広い視野で見ることでしか真実に近づけないのだろう。比叡山延暦寺の荒行の中でも、特に厳しい修行といわれるのは、宗祖である最澄大師が眠る浄土院で、生前同様に12年お仕えする「十二年籠山行《ろうざんぎょう》」。これを行える特別な僧は、敬意を込めて侍真《じしん》と呼ばれる。この行は名の通り、12年間比叡山から出られないというだけではない。浄土院を出る事も許されず、あたかも伝教大師がそこにいるよう、ただ一人でお食事のお供え、掃除、読経、礼拝などのお勤めを繰り返す。病気になっても途中で辞める事ができないので、過去には病死した侍真もいたという。12年経っても次の侍真がいなければ、行を終えられない。12年間世俗を断ち、見える世界はどのようなものなのか。今も浄土院には、一人の侍真が仕えている。最澄大師が入寂して１２００年。来年２０２１年は、丁度その年にあたるという。

神はどこから来て、どこへ行ったのか。その答えの一つが、中國紀行CKRM第11号で書いた英彦山《ひこさん》の善正と、修験道の開祖である役小角《えんのおづの》の話なのかもしれない。

英彦山は元々、日子山という字で、比叡山は元々、日枝山という字だった。天照大神《あまてらすおおみかみ》の子である天忍穂耳尊《あめのおしほみみのみこと》の山であるため、日子山と名付けられたという伝承から考えると、日とは天照大神を指すだろう。となると日枝山は、日の枝の山なのだから、天照大神に近しい誰かがいた山と捉えても不自然ではない。

最澄が比叡山として開山するまでの日枝山（その中の八王子山）には、大山咋神《おおやまくいのかみ》という地主神がいて、大山咋神は素戔嗚尊《すさのおのみこと》の孫であり、最澄により天台宗の延暦寺ができてからは、比叡山全体の結界を守る守護神として祀られている。今の日本の日常では、政治と信仰の話をタブー視する傾向があるが、何故そうなったのか。政教分離の政策がとられたのは、そもそも政治と信仰が共にあり、近過ぎることが不都合になったのだろう。大宝律令が唐を習って作られたのだから、同時代に作られた『古事記』と『日本書紀』が、唐の国史を習わなかったとは思えない。

　そういう目で一度、日本の歴史を見てほしい。国譲りとあるが、これは何を指しているのか。太古の為政者は司祭だった。いつしか王が生まれ、王と司祭はそれぞれ政治と信仰を受け持ち、協力しながら国づくりが行われ、国力をつけて成長してきた。国づくりに必要なのは、建国理念と為政者の正統性を主張する国史だろう。日本には、天照大神・月読尊《つくよみのみこと》・素戔嗚尊という三柱（三貴子）がいて、古代中国の歴史書によると、倭国（701年の大宝律令施行直前までの日本の国号）には5人の王がいたというが、中国の歴史には三皇五帝という始祖がいて、三皇が神、五帝は皇帝の系譜に繋がっている。

　僕は恐らく、天帝から繋がる系譜をもつ国の、国史の中の王の系譜の前にある神の話は、その時代の強国の盟主が据えられていて、それが強国との良好な関係性を構築するために必要だったのでは、と考えている。何故なら中国の三皇五帝は、地域によって違うからだ。当たり前の事だが、日本人の先祖は全て渡来人。初めに日本という国があり、日本から人類が生まれた訳ではない。

ＤＮＡの分布を辿れば、全ての人類はアフリカのミトコンドリア・イブに繋がっていると言われるが、イブの前に誰がいたかはわかっていない。人類は様々な地域に移住しながら、それぞれの文化を形成していったのだ。

そこに新しく入る文化の多くは、素晴らしい部分のみ吸収される。日本は、新しく入った外来文化を取り込み、独自に進化させるのが上手い国だ。これはきっと、太古から繰り返されてきたからだろう。

極東日本とはよく言ったものだ。昔、日本を文化の坩堝《るつぼ》と言ったヨーロッパの学者がいたが、文化の坩堝で精製されたものは、理想に近いものだったのかもしれない。

今も残っている日本文化が花開いたと言われる江戸の元禄時代、明治維新によってもたらされた近代化という西洋化以前に日本にあった文化は、そのように精製された素晴らしいものだったのかもしれない。文化が花開いた時代というのは、人の社会と自然界の調和が取れていた時代のことだろう。

どこにも無理が生じていないような時代でも、永劫《えいごう》続くことはなかった。僕らはいつまでも、歴史から学ぶ必要がある。調和を取るために必要なのは何か、調和を崩すものは何か、その多くは人の感情であり、それぞれの心から始まるものなのではないか。

精製されたものを持っていたとして、見たことのない素晴らしい素材が見つかれば、それに魅力

を感じるのは当然かもしれない。しかし、それを高い純度で精製するには、多くの知識が必要だろう。沢山の失敗の上に、より良い技術が作られ、純度を上げてゆくことができる。これには、膨大な時間が必要だ。

西洋の近代化が始まったとされる１７６０年代からは２６０年。明治維新以降に始まった日本の近代化から、まだ１５０年しか経っていない。最澄が唐より持ち帰った茶の種で考えると、茶の文化が育ち、江戸の元禄時代に開花するまでに９００年近くかかっている。今の日本にある文化は７５０年後、どのようになっているのだろう。これを想像するためにも、伝教大師最澄が生きた時代を感じる必要がある。

日本に残る多くの素晴らしい文化の根源を知るため、僕らは中国に行くべきなのだ。これからを生きる子供たちの世界に、先人達が残してくれた希望の灯火を引き継ぐために。

如来、権現、菩薩、明王、南無妙法蓮華経、般若心教、南無阿弥陀仏。

きっと誰もが、どこかで聞いたことのある宗教用語。


仏と神は何が違うか、世界中に様々な宗教があるが、どうして宗教は生まれたのか。

いつの世も人は、何かを求めて争っている。古くは水を得る為、塩を得る為、金を得る為に。

他人を支配し、他国を支配し、今よりも良い環境に自らを置く為、自らの大切な人たちをそこに置く為に。


聖徳太子の有名な言葉に「和をもって尊し」というものがあり、誰もが聞いたことがあるだろう。

国というのは必ず建国理念があるのだが、日本のそれを知っている人は少ない。

あえてその言葉は書かないが「全ての民族が一つの家族のような国にしたい」

そういう意味をもつ建国理念で、日本が生まれたという説に僕は賛同している。

そこから読み取れるのは、日本が共和国的国づくりをしていた可能性だ。

神話の中の国譲りや地主神の話などは、その証明になるのかもしれない。

日本各地はもちろん、今まで沢山の中国の省や自治区を旅してきて
様々な民族の人たちと出会い、多いに語ってきて思うのだが
僕ら日本人は日本をより深く知る為にも、もっと中国を旅するべきだ。
中国を旅する前の僕は、日本の中だけではどうしてもわからない事が沢山あった。

その最たるものが修験道であり、明治維新後の近代化の意味だったのだか

近代化の意味については、中國紀行ＣＫＲＭ17号の景徳鎮特集で書かせて頂いた。

修験道については、中國紀行ＣＫＲＭ11号の道教特集で触りを書かせて頂いたが

今回はその本質に更に近づける旅になったと感じている。

日本は歴史の長い国なので、歴史観についても様々な立ち位置の研究者がいる。

中國紀行ＣＫＲＭは学術書ではないし、論文でもない。

しかし、多くの素晴らしい研究者たちが残してくれた可能性の中から、今の中国と日本に残されたものを

今生きている僕らが納得のいく形で、歴史を想像しながら旅を進めている雑誌だと自負している。

何が本当で、何が嘘だという議論は、たぶん30年前の事だとしても

人が生きている世界の話は想像でしか語れないだろう。

例えば今、これを読んでくれている貴方は、一番身近にいる人の心の声が聞こえますか。

心の声は聞こえなくとも、想像することはできるでしょう。

世の中には様々な心から生まれた宗教がある。

私は無宗教だという人もいるだろうが、宗教の違いというのは、信仰する対象や風習の違いなのではないだろうか。

僕は、本質的に無宗教の人などいないと思っている。

宗教に属していなくとも、親なり子なり、友なり仲間なり
人以外の命や、それぞれの趣味など、誰しも心の支えとなる大切な寄る辺があるだろう。

これこそが大切で、それによって救われる人を増やす説明を教義として纏めたのが宗教だと考えている。

心に寄る辺をもち、その素晴らしさを少しでも理解している人は、立派な宗教家とも言えるだろう。

世の中というのは常に移ろい、正しいと思っていた事が間違いになる時代もある。

いや、時代どころか環境が変わるだけでも常識は変わる。

そんな世界で明日を生きる糧を得る為に仕事をするが、誰しもが環境に染まれるとは限らない。

だからこそ大切なのは、心の寄る辺をもち、その寄る辺の光を自らの救いにすることなのだ。

30年前に平成は始まったが、スマホやネット社会が常識になるなどと話したら
きっと気が狂った嘘つきと言われただろう。たった30年で僕らの環境は、こんなにも変わっている。
空を見て、肌に触れる空気の湿度を感じて、雨を予想できたお母さんはもういないのかもしれない。
山の高さや木々を見て、湧き出る水から流れる川を見て
そこで暮らせる人の数がわかるお父さんはもういないのかもしれない。
人の社会は、進化しているのだろうか。
３００年前に飛行機の話をしたら、牢屋で一生を過ごしていたかもしれない。

しかし僕らは、飛行機に乗って海を渡った。便利になるのを進化というなら、きっと世界は進化している。


伝教大師最澄が辿った道は、今とは全く違う。

命がけの航海で辿り着いた場所で待っていたのは、祝福だけでは無かっただろう。

時には世の不条理や、無常に対しての無力さに、絶望を感じたかもしれない。

それでも彼らの進んだ道は、多くの人の心に灯してくれた灯火は、1200年たっても消えていない。


琵琶湖を望む比叡山で不滅の法灯を見ていると、進化は必ずしも良い結果をもたらさないように感じた。

進化という言葉に酔い、これ以上の便利さを求め続ければ
今まで大切だったはずの文化や伝統、風習などは消え続けるだろう。

今こそ思い出さなくてはいけない時なのではないか。

唐の時代、伝教大師最澄によって日本にもたらされた心の教えを。

心の灯火を消してはいけない。

伝教大師最澄の教えは、全ての命と心を救いたいという願いから生まれたはずだ。

天台雲霧茶《うんむちゃ》と日本茶道の淵源

最澄が持ち帰った茶の種は、日本の比叡山に植えられ、日本茶の祖となった。日本で最も古い茶園とされる比叡山日吉茶園こそ、最澄が天台山の雲霧茶の実をまいた初めての茶園だったのである。

日本天台宗第五代座主と称される僧、圓珍（紀元814～891年）は弘法大師空海の甥であり、入唐の際、天台山国清寺で天台経典について研鑽を積んだ。彼が著した『行歴抄《ぎょうれきしょう》』に天台山は「霧に霞む茶畑で埋め尽くされている」と書き記されている。

宋代には日本の僧、成尋《じょうじん》が『参天台五台山記』にこう書き記している。熙寧《きねい》五年（紀元1072年）5月18日「天台山の最高の峰に至り、号して華頂と言い… 苦竹黝黯として茶樹林を成す」（天台山の最高峰に上り、華頂と号し… 苦竹は黒々として茶の木が林を成している）

熙寧五年（1072年）、成尋は中国に至り5月には天台山に着き、天台山の祖庭を参拝し、羅漢道場を仰ぎ見て礼をした。成尋が著した『参天台五台山記』には天台山特有の仏門の茶事について詳細に

記されている。「未の刻、国清寺の大門の前に至り、…すぐに共に大門に入り、座して子に寄り（偉い方のそばに座り）茶を喫す。次いで共に宿坊に入り、慇懃なること数刻（暫く親しく話をし）まるで知己のようだ。さらに茶を喫し、寺主大師が唐の暦書でその日の吉凶を見て壬辰が吉日であれば、直ちに参堂で焼香する。まず羅漢院に入り十六羅漢などの木像を拝み、三尺の五百羅漢像に進む。ところどころ茶器が置かれていれば寺主を案内人として一つ一つ焼香礼拝する。それを見れば感極まるものがある」。その後、彼が赴いた真覚寺、大慈寺、方広寺などの寺院では、かならず住持、寺主と共にその茶を飲んだ。茶を仏に供すること、客を茶でもてなすことが当時の天台山の諸寺院の基本的礼節であったことが分かる。その影響は海外にまで及んでいる。

最初に「羅漢供茶」という珍しい事跡を記載したのはやはり日本の成尋の『参天台五台山記』であった。「十九日辰の刻（今の午前8時ごろ）石橋に参り茶を羅漢に供す。五百十六杯を鈴杵真言《れいしょしんごん》をもって供養する。知事僧が驚いてやってきて『茶の葉8枚に蓮の花の文があり、五百余杯に花の文がありました』と言い、知事僧は合掌して礼拝した。小僧は羅漢が出現し、大師の供する茶を受けたのはウドンゲというものだった。すなわち自ら現れて知事が告げたようにみせた。喜びの涙と共に合掌した」

日本茶の祖、栄西禅師は『喫茶養生記』にこう書いている。「天台山に登り、石橋に青龍を見、講峰に拝し、茶の湯を供すと奇なるものが現れ、盃には奇なる花を感じた」

最澄は日本で天台経典を学び、志をたてて天台に仏法を学びに行った。貞元二十年（８０４年）、

最澄は入唐して天台山の国清寺に仏法を学びに行った。湛然《たんねん》大師および弟子で天台七祖の道邃《どうすい》と行満に師事した。明代の静塵《せいじん》大師は『問茶品仏』にはっきりとこう書いている。「道邃は最澄に秋には戒律、春には茶道を教えた」。さらに『日吉神道密記』によれば、翌年帰国するときに最澄は天台山の茶葉と茶の実を持ち帰り、近江（滋賀県）の比叡山東の山麓、日吉神社の周辺に植えたとある。それが日本最古の茶園となったというのである。

今でも日吉神社付近の茶園の中には「日吉茶園の碑」が高くそびえたっている。周囲には茶の木が生えており、「最澄が持ち帰った茶種が茶園で栽培する歴史をひらいた」と書かれている。これも中国から茶が国外に伝わった最も早い文献記録である。最澄は中国で勉強してから明らかに、茶禅真味と寺院で茶を供する種々の儀式に精通していった。

天台雲霧茶の名店

ばんけいちゃしょう 万景茶庄

アクセス：天台県和合公園そば
電話：0576-8396-1000

せいうんちゃしょう 青雲茶庄

アクセス：天台県西演茅興生路十八巷30号
電話：13967603456

えつぼくちゃじょ 悦木茶叙

アクセス：天台県始豊街道東河路111号二楼
電話：13968590330

「夏の暑い時期でも秋のように涼しく一年を通して波のように霧がかかる」と詩に詠まれた華頂峰で作られるお茶は深い味わいがある。

三葉草堂茶楼　さんようそうどうちゃろう

アクセス：天台県寒山路209号三葉草堂
電話：13968577129

天台度過　てんだいとか

アクセス：天台山和合小鎮和合西街3号
電話：13967602233

自在茶楼　じざいちゃろう

アクセス：天台県赤城街道秀園路167号
電話：13968580971

天台詩三選

まずは李白（701年〜762年）、字は太白、青蓮居子《せいれんこじ》、また「謫仙人《たくせんにん》」（人間界に流された仙人）と号す。唐代の偉大な浪漫主義の詩人で、後世の人に「詩仙」と称される。朗らかで鷹揚な人柄で酒と詩をこよなく愛し、友と交わることを好む。李白は老荘の思想の影響を深く受けている。後世に伝わる『李太白集』があり、酒を飲みながら書いた詩が多い。代表作に『望廬山瀑布』『行路難』『蜀道難』『将進酒』『梁甫吟』『早発白帝城』など多くの詩がある。

開元15年（727年）秋、李白は揚州で船を降り、運河に沿って臨安（現在の杭州）に至る。さらに蕭山、会稽《かいけい》（現在の紹興）を経て、剡中《せんちゅう》（現在の嵊州《じょうしゅう》、新昌）に入り、そこで船を棄て陸路天台山に至った。そのようにした動機はひとつには憧れていた桐柏山、福地洞天を仰ぎ見ること、ふたつには古い友人であり師でもある司馬承禎《しばしょうてい》に会うためであり、司馬承禎は瓊台仙谷に至るや、その風光明媚な仙境地に心を奪われ、帰るのを忘れるほど耽溺してしまった。そして天台山に隠遁すること数十年、天台山とその周辺の状況に知らぬことはなく、詳細に紹介したことから李白の心に美しい印象を刻み込んだ。そうして天台山は李白の生涯あこがれの世界――神仙の世界となったのである。李白は筆を取り、天台山を誉め称える多くのすぐれた詩を書いた。今日まで残る『天台暁望』『題桐柏観』『瓊台』『求崔山人百丈崖瀑布図』などの作品があり、数ある李白の詩の中でもきらめきを放つ珠玉の作品である。

琼台

李白

龙楼凤阙不肯住，飞腾直欲天台去。
碧玉连环八面山，山中亦有行人路。
青衣约我游琼台，琪木花芳九叶开。
天风飘香不点地，千片万片绝尘埃。
我来正当重九后，笑把烟霞俱抖擞。
明朝拂袖出紫微，壁上龙蛇空自走。

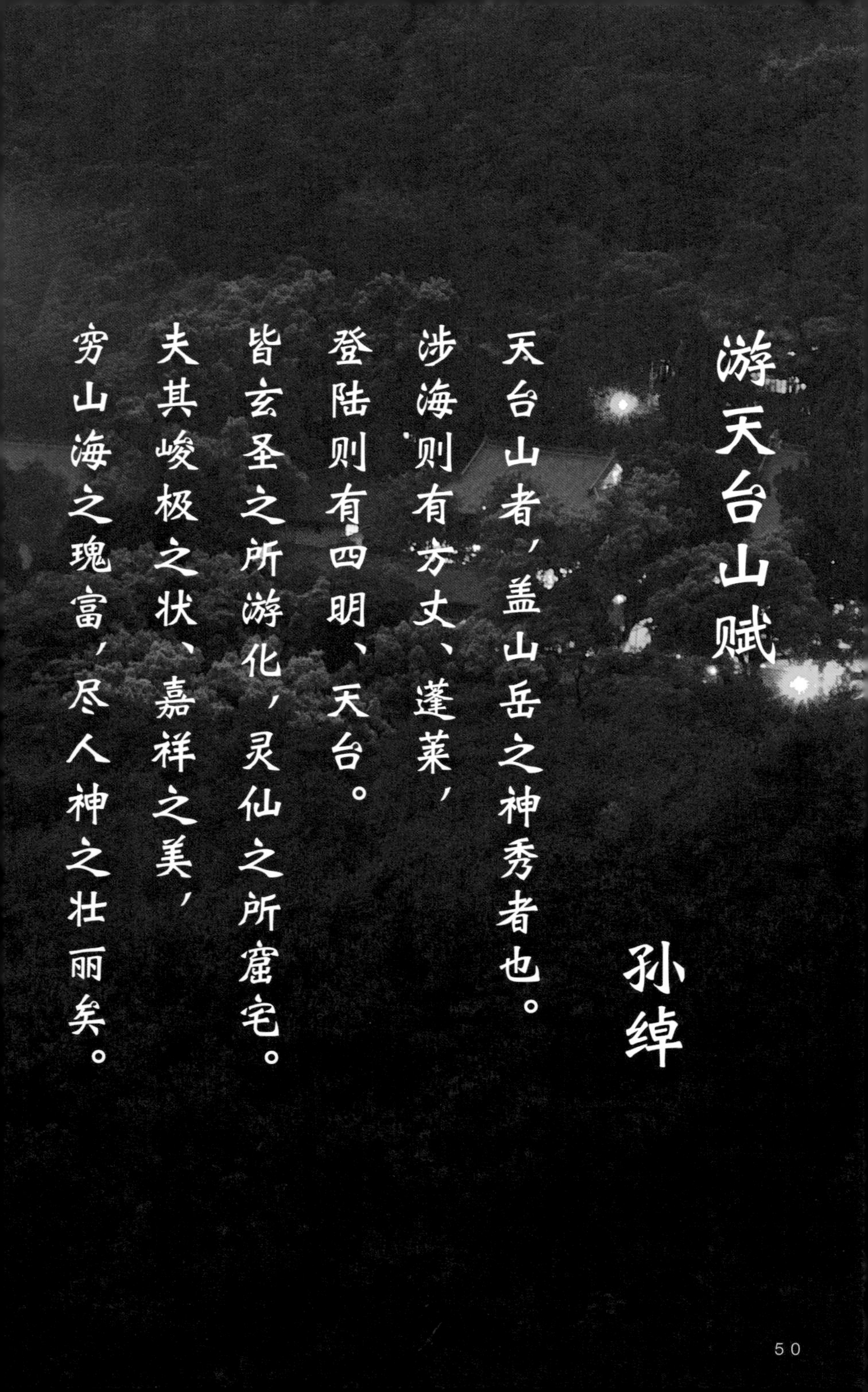

游天台山赋

孙绰

天台山者，盖山岳之神秀者也。涉海则有方丈、蓬莱，登陆则有四明、天台。皆玄圣之所游化，灵仙之所窟宅。夫其峻极之状、嘉祥之美，穷山海之瑰富，尽人神之壮丽矣。

【解釈】

天台山は山岳のなかでも気高く秀でた山である。海を渡れば方丈、蓬莱（どちらも神仙の住む海島の名）があり、陸にあがれば四明、天台（どちらも山の名前）があり、いずれも聖（ひじり）達が遊び神仙の住処となっている福地洞天と言われるところだ。その急峻な山の姿はめでたく美しく、山にも海にも希有な珍宝が満ちあふれ、神仙界の雄々しさを余すところなくこの世に現している。

舟中晓望

孟浩然

挂席东南望，青山水国遥。
舳舻争利涉，来往任风潮。
问我今何适，天台访石桥。
坐看霞色晓，疑是赤城标。

【解釈】

帆を揚げて船を出す。遙かに東南方向を見渡せば、高山水郷の地は遙かに遠い。八卦は吉を示し、航海にはよい兆しなのだから、喜び勇んでこの好日に乗じて風をとらえ波に乗って進もうではないか。どこに行くのかと問われれば、天台山に石橋を見に行くと答える。朝焼けが赤々と地平を照らして美しくきらめいているのは、きっと赤城山頂あたりだろう。

天台観光

天台宗の発祥地で恵まれた自然環境と悠久の歴史・文化を有する天台山。観光のみどころは雄大な自然と寺院や道観が見事に融合するダイナミックなその景観にある。

(国家5A級観光地) 国清《こくせい》エリア

国清寺は1400年以上の歴史を持つ隋代の古刹で、総面積は7・2万㎡。中国、韓国、日本の天台宗の発祥地であり、広く国際的な影響力を持っている。寺院は5つの峰に囲まれ、二筋の澄んだ谷川が流れ、古木が空高くそびえて美しい景色が人の目を楽しませる。九重の隋塔や隋代の古刹があり、独特の風景が広がる。

アクセス：5路または7路バスで直行
ドライブルート：天台出口—天台山西路—寒山路—国赤環状線—国清エリア　電話：0576-83958197
入場料：10元/人、線香5元/人

赤城《せきじょう》エリア

孟浩然の詩にも登場する赤城山は県中心部から北1・5キロに位置し、豊かな緑の中に赤い岩肌が見える。昔から「台岳南門」と呼ばれ、天台山のシンボルとされている。標高306・5m。洞窟や木々が密集しており、城のように高くそびえ立っている。18の天然の石窟があり、仏教と道教が共存している。

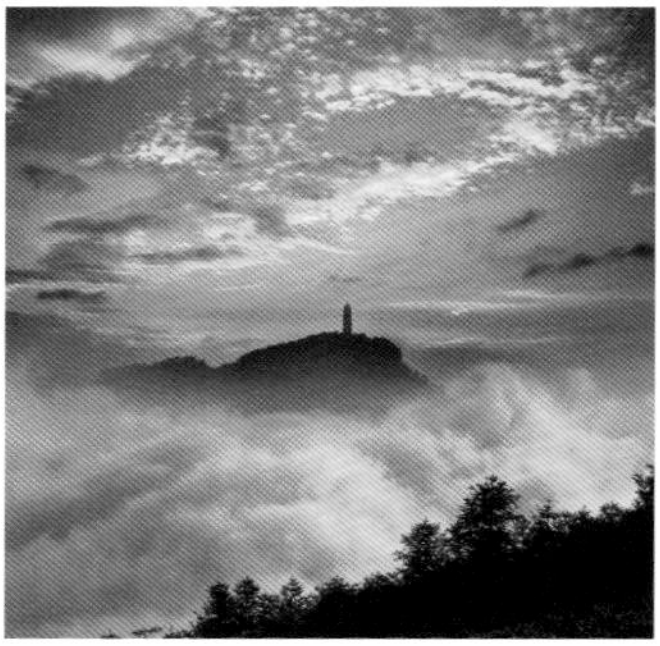

アクセス：7路バスで直行。
ドライブルート：天台出口—天台山西路—寒山路—国赤環状線—赤城エリア　電話：0576-83959070
入場料：15元/人

石梁《せきりょう》エリア(国家5A級観光地)

アクセス：天台の北門バス停から石梁行きのバスで直行。 ドライブルート：天台出口ー天台山西路ー寒山路ー国赤環状線ー天北線ー石梁エリア　電話：0576-83031169／83091280　入場料：60元/人

石梁エリアの面積は6・5㎢、県の中心地から23㎞、奇観が一体となっており、李白や孟浩然などの有名な詩人の作品にも登場している。ここは、中国初の武術映画である『少林寺』、『射雕英雄伝』など多くの映画やテレビドラマのメインロケ地となっており、世界でも珍しい7mの「天然の花崗岩の橋」がある。

済公故居《さいこうこきょ》

アクセス：天台のバス停から1路、3路、10路で直行。ドライブルート：天台出口ー天台山西路ー赤城路ー済公故居　電話：0576-83801333
入場料：30元/人

天台の北にある「生き仏」済公の生誕地、永寧村に済公故居はあり、済公が実際に生活した光景やそのたぐいまれな人生を再現している。主要な建築物は宋代の様式で、観霞閣、酔仙楼、籠西園などが広大な敷地に点在する。故居の外壁には周恩来総理が済公を評した自筆の書が刻まれており、故居内には済公の像がある。

天台山大瀑布《てんだいさんだいばくふ》エリア

アクセス：天台のバス停から8路で直行。
ドライブルート：天台出口ー天台山西路ー寒山路ー天桐線ー瓊台仙谷
電話：0576-83896071　入場料：100元/人

天台山大瀑布は桐柏山にあり、歴史書には桐柏瀑布、三井瀑布とも書かれ、高さ325m、幅は最も広いところで90mあり、中国で最も高さがある滝と言われている。天台山大瀑布は東晋時代からすでに有名で、天台山のランドマーク的な景色となっている。9段の滝、凌雲桟道、ガラスの吊り橋などがある。

瓊台仙谷《けいだいせんこく》エリア

アクセス：天台のバス停から8路で直行。
ドライブルート：天台出口ー天台山西路ー寒山路ー天桐線ー瓊台仙谷
電話：0576-83953155　入場料：65元/人

唐代の詩人李白も瓊台仙谷を称賛する。伝説によると、ここは中華民族の祖先である黄帝が仙人の九元子から金色の神丹を授かった場所である。南端にある天然石の椅子は、葛玄、呂洞賓、白玉蟾など道士が錬金術によって薬を作った場所であるため「仙人の座」と呼ばれていた。台座には柳泌、天和子、康有為などの筆跡が刻まれている。

華頂国家森林公園《かちょうこっかしんりんこうえん》

アクセス：北バスターミナルから華頂旅游バスで直行可能。ドライブルート：天台出口ー天台山西路ー寒山路ー国赤環状線ー天北線ー華頂エリア
電話：0576-8309112　入場料：50元/人

雲海を見たり、珍しい花を眺めたり、おいしいお茶を味わうことができる華頂国家森林公園は天台山の主峰に位置し、海抜1095・4m。「天然の酸素バー」や「避暑地」として定評があり、理想的なリゾートである。春にはツツジ、夏には避暑、秋には日の出、冬には樹氷を楽しむことができる。また、天台雲霧茶の産地である。

竜穿峡《りゅうせんきょう》エリア

アクセス：天台バスターミナルから白鶴線で白鶴鎮へ、竜穿峡行の車に乗換え。ドライブルート：天台出口ーG104（白鶴方面）ー竜穿峡エリア
電話：0576-83777777　入場料：60元/人

竜穿峡エリアは天台県の北西部、白鶴鎮に位置し、険しい峰、絶壁、洞窟の奇観などが主な特徴である。8つの滝と1つの湖を柱として10のエリアに分かれており、現在、風光明媚な中で滝を眺められる円形のガラスの遊歩道、ガラスの吊り橋、崖にあるブランコなど体験型アトラクションが観光客の人気を集めている。

寒明岩《かんめいいがん》エリア

アクセス：天台バスターミナルから街頭行きのバスに乗車。ドライブルート：天台出口ー62省道ー街頭鎮ー九遮山方面ー後岸方面　電話：13968593100
入場料：明岩古寺の入場料５元/人

明岩と寒岩が背中合わせになっており、独特な岩と人の手による景色が特徴的である。明岩は山を背に渓谷に臨んでおり、三大景勝地が有名。寒岩は唐の時代の「詩聖」である寒山子が70年余り隠居したことで知られている。また、「寒岩洞天」と呼ばれる天台山随一の洞窟があり、夕方には壁に泉の水が反射して美しい。

仏隴《ぶつろう》エリア

アクセス：国清エリアの先老天北線から山に入る。バスはないため車を調達するか徒歩で向かう。ドライブルート：天台出口ー国清エリアー老天北線ー仏隴エリア　入場料：無料

天台県に位置しており、古くから仏教関係の建物が多くあるのでこの周りの地域では「仏隴」と呼ばれている。特に高明寺は天台宗の歴史上重要な寺院であり、建築面積は３４３３７㎡、15の庭園と２００余りの仏殿がある。全ての建物や庭園は回廊や檐廊（軒先兼廊下の部分）などで連結されて一体としてまとまっている。

桐柏宮《とうはくきゅう》

アクセス：天北線から山に入る。鳴鶴観を先に見てから桐柏新宮に行くことも可能。ドライブルート：天台出口ー天北線ー瓊台仙谷エリア方面ー桐柏上ダムー桐柏宮　入場料：無料

桐柏宮は、もともとは桐柏観とも呼ばれ県の北西12・５㎞の桐柏山に位置し、９つの峰に囲まれた道教南宗の発祥地となっている。最盛期は唐・宋の時代で、当時の規模は非常に大きいものだった。桐柏宮は呉の赤烏元年（２３８年）に孫権が葛玄を派遣して作らせたものである。新宮殿もでき、体験や研修も行われている。

仏教都市《ぶっきょうとし》

1980年代に浙江省人民政府の認可を得て設立された天台山の仏教都市は、天台宗発祥の地であり、天台山の中心部に位置している。面積は6・7万㎡、建築物は5万㎡余りに及ぶ。継承の危機にある伝統的な「天台山乾漆夾薴技法」と「金漆造像技術」という中国で唯一、2つの技術が無形文化遺産に指定されている。

天台の仏教都市は長年にわたり、無形文化遺産における生産性保護と継承の拠点、展示・観光・研究の拠点として認められている。

後岸郷居《ごがんごうきょ》エリア

後岸村は浙江省天台県街頭鎮にある。村周辺の有名な景勝地は十里鉄甲竜で、数十の自然の巨大岩の連なりによってできており、壮大で視覚的なインパクトがある。山の麓は春になると一面大きな桃の花園が広がり、桃源郷にいるかのような気分になる。ここは唐代の詩人、寒山の隠居場所でもあった。

アクセス：天台県街頭鎮、中心地から約30㎞
電話：0576-83033999

南黄古道《なんおうこどう》エリア

南屏郷は天台県の南部に位置し、南黄古道は南屏郷と臨海市の黄坦郷の間の重要な商業道路で、両方の頭文字をとって南黄古道と呼ばれている。古道は長さ12㎞、幅2～3mで、石が敷き詰められており、保存状態が良い。南屏郷内における長さは約8㎞。景色が美しく気持ちがよい古道は天台の八大景色の一つである。

アクセス：天台県南部南屏郷前楊村
電話：0576-83798999

竜渓寒岩《りゅうけいかんがん》エリア

アクセス：天台県竜渓郷
電話：0576-83039110

寒岩は天台県南西部にあり、天台県の中心地から39㎞、面積は12㎢で奥深い文化と緑豊かな山々、すがすがしい空気を有するこの景勝地は寒山文化の発祥の地でもある。エリア内には台州第二の高峰や天台最高峰の大雷山、美しい竜渓ダムなどがある。また登山や釣り、ラフティングなどのレジャーが楽しめる。

雷峰激情谷《らいほうげきじょうこく》エリア

アクセス：天台県雷峰郷崔一村
電話：0576-83610009

雷峰激情谷エリアは、中国で最も美しい村である天台県雷峰郷にあり、連綿とつらなる山々、緑と清流、文化史跡あふれる景勝地である。その中でも雷峰峡谷のラフティングでは、深い渓谷、蛇行する小川や谷、奇峰奇岩を楽しむことができる。休暇とレジャー、保養が一体となった観光リゾート地である。

張思古村《ちょうしこそん》

アクセス：天台県平橋鎮張思村
電話：18367679888

張思村は平橋鎮の南西に位置する古い村で、鎮の中心部から２・５㎞の所にあり、５４０年余の間、明清時代の建築物を保存し続けている。村道は約１㎞の長さで、古くからの曲がりくねった道が続いている。遠くから見ると、この村はまるで川のほとりに係留された古舟のようである。

天台山で四季を遊ぶ

春

春の天台山は生き返ったように草木が生い茂り、日の光はやわらかく、空気は新鮮で山登りには最適の季節である。国清寺を訪れて歴史に触れるもよし、雷峰郷で梨の花を見るもよし。桃源郷のような後岸桃花塢へ行ったり、華頂山に登って一面錦のように広がるツツジの中を歩いてもよい。天台山大瀑布に行けば自然の水で俗世の垢を落とし、心を開放させてリラックスできる。

夏

毎年夏、異常な暑さが続いてもここ天台山はわずか26度、涼しく気持ちよく過ごせる。山には広範囲の原生林、千年の古寺、霞客古道などがある。友人たちと連れ立って朝には古道を歩き、夕には古寺をぶらぶらと散歩する。雲霧茶を飲みながら楽しい出来事を語り合う。ここでは夏の暑さなどみじんも感じられない。美しい村を尋ねたり、ラフティングを楽しんだり、渓流の清涼感を味わう事もできる。

秋

さわやかな秋晴れのもと華頂山に登って日の出を見、赤城山で月見をする。浙江一の紅葉を楽しめる南黄古道を歩き、農業体験で労働の成果と豊作の喜びを味わう。養生についての講義を聞いたり易筋経(呼吸法)や太極拳を学んだり、国清寺でお経を聞いて精進料理を食べることもできる。瓊台仙谷の八仙湖で秋の風を感じ、家族や友人と寒山湖でピクニックやバーベキューを楽しめば、きっと大満足の旅になるだろう。

冬

華頂山には1000本以上の珍しい古木がある。日の光や雲、霧、夕霞、月光、星、氷雪… これらが合わさって幻想的な風景を生み出している。標高が高く毎日の温度は0度まで下がる。空気中の水蒸気が草や木、石の表面で凝結して霜になり、美しい樹氷を形成する。華頂山は一面雪に覆われ、さんさんと輝く太陽の下、透き通ってきらきらしている。仙人が住む地のように雄大で壮観な眺めである。

オススメ観光ルート

仏教と道教に触れる旅

天台山は仏教と道教の名山。お寺が並び高僧が集まる地である。国清寺で拝み、桐柏宮を尋ねる。お坊さんがお祈りをしてお経を読んでくれるかもしれないし、道士がまちがった道を指し示して迷いをとりはらってくれるかもしれない。慌ただしい日常を離れ、静かな心をとりもどそう。

【オススメ2日コース①】

DAY1 朝、車で天台山に向かい、天台宗発祥の地である国清寺を見学(約1.5時間) → 昼食後は車で戻り、夜はホテルへチェックイン。

DAY2 朝食後、車で道士が修行する名山に向かい、天台山瀑布(瓊台仙谷)を見学 → 昼食後は済公の家、済公故居を見学(約1時間)。

【オススメ2日コース②】

DAY1 朝、車で天台山に向かい、天台宗発祥の地である国清寺を見学(約1.5時間) →昼食後は車で道士が修行する名山、瓊台仙谷を見学(約2時間)、夜はホテルへチェックイン。

DAY2 朝食後、浙東最大の瀑布群、竜穿峡を見学(約2時間) → 昼食後は済公の家、済公故居を見学(約1時間)。

【オススメ2日コース③】

DAY1 朝、車で天台山へ行きホテルにチェックイン。昼食後、天台宗発祥の地である国清寺を見学(約1.5時間) → 済公が学んだ地、赤城山を見学(約1.5時間)、夕食後はホテルへ戻る。

DAY2 朝食後、五百羅漢道場がある石梁の第一奇観、石梁飛瀑(約2時間)を見て、現地食材で作る料理を堪能。

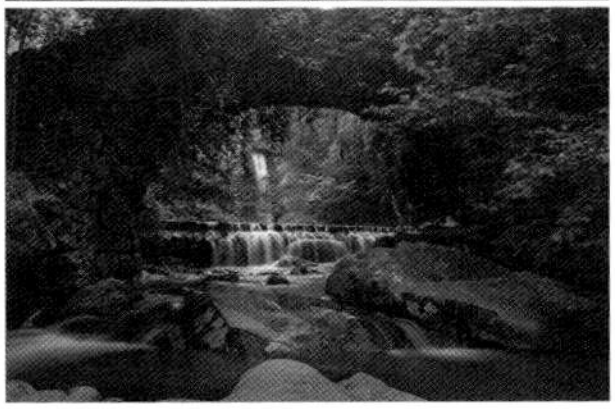

養生体験の旅

天台山は養生の名山であり、豊富な資源がある。よい山、よい水、よい空気という最高の環境条件のもと、鉄皮石斛や烏薬、黄精といった各種の仙草からさまざまな養生食品が生み出されている。養生体験の旅で、天台山の大自然から生まれる健康食品を味わいたい。

【オススメ3日コース】

DAY1 朝、車で天台山へ向かい、道教の発祥地を見学(約1.5時間)。新宮を参観し、養生方法を学ぶ→昼食後は天然の酸素バー、華頂国家森林公園(約1.5時間)で呼吸と心身を整える→夕食後、ホテルへチェックイン。

DAY2 朝食後、天台山瀑布(瓊台仙谷)を見学(約2時間) → 車で農村へ向かい季節のお料理をいただく→食後、農家で収穫を体験。

DAY3 朝食後、天台宗発祥の地である国清寺を見学(約1.5時間)。

天台土産

地方の特徴は地元の土産物にもあらわれるもので、旅行中に買った親しい人へのお土産は気持ちを伝えるだけでなく、旅の風景を垣間見せてくれる。

天台山雲霧茶《てんだいさんうんむちゃ》

天台山で育まれた歴史ある名茶

天台山雲霧茶の歴史は古く、浙江省の銘茶である。緑茶であり、天台山の主峰である華頂山で栽培されたものが最も有名で、歴史的に「華頂雲霧茶」とも呼ばれていた。香りは濃厚で長く続き、しっかりした味わいはやがて透き通った甘さになる。茶の色は明るいもえぎ色で何度淹れても味が変わらないことで名茶として知られている。

天台烏薬《てんだいうやく》

「不老長寿の薬」と言われる高品質の薬

歴代の生薬の典籍には「烏薬は天台産が優れているので古くは天台烏薬といわれた」との記載がある。香り高く中国で最も高い品質を誇る天台烏薬は周の時代から2000年余りの歴史があり、天台は国家林業局から「中国烏薬の故郷」の称号を与えられている。心を落ち着かせ寒さの邪気をはらい傷みを止めるなど様々な効能がある。

天台菩提《てんだいぼだい》

福が増す天台菩薩の数珠

天台菩提は特別な数珠であり、中国では唯一天台山にしかないため、天台菩提と呼ばれている。数珠の中で地名から名づけられている唯一のもので、独特で深い意味合いがある。「天台菩提は数珠に使っても掏念に使っても、あるいは手持ちの数誦に使っても福が無限になる」として、その意義深さから広く崇められている。

鉄皮石斛《てっぴせっこく》

貴族が愛した極上の養生品

天台山の崖に生えている鉄皮石斛を古代人は崖にぶら下がったり、矢を射たりして採取していた。一年中天地から霊気を養い、極上の養生品として皇宮、貴族から愛された。非常に厳しい生育条件のため、天然のものは希少性が高く、特に貴重である。胃を強くしたり肺を潤し腎の機能を高める効果がある。

カメリアオイル

深い森から生まれる野生のカメリアオイル

野生のカメリアオイルは古くから「黄金の油」と呼ばれ、王室への貢ぎ物として王侯貴族だけが楽しむものであった。高品質のカメリアオイルは、必ず野生の木から抽出しなければならない。野生のものは深い森の中で汚染をまぬがれ、霧や雨露で潤っているからだ。「天台山」ブランドのカメリアオイルは、その品質で名高い。

宋紅酒《そうこうしゅ》

詩にも詠まれた秘伝の紅酒

宋末元初の陳元静が編んだ『事林広記』と元代の『居家必用事類全集』に天台紅酒の醸造方法が記されているほか、様々な文学作品にも取り上げられている。浙江省の紅曲酒を詠った詩には楊維楨の『紅酒歌』がある。方孝孺も同名の一篇を詠んでおり、人づてで伝えられる秘伝の醸成について詠んでいる。

天台黄茶《てんだいきちゃ》

見ても味わっても楽しめる黄金のお茶

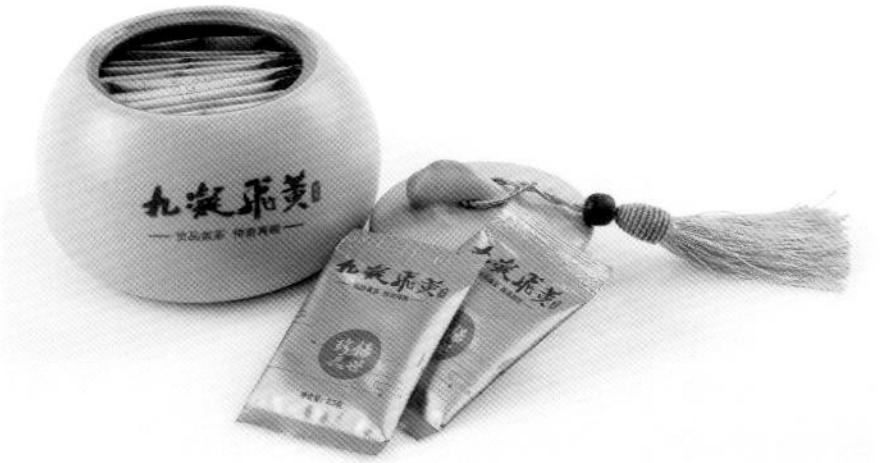

天台黄茶は、自然の変異によって生まれた希有なお茶で、芽や葉は黄金色を帯びている。淹れた茶の色はクリーム色に澄み切っている。さわやかな香りで甘い味わいがあり、澄んだ鮮やかな色で、飲んでも見ても楽しめる茶である。

天台黄精《てんだいおうせい》

老化を防ぐ自然の恵み

漢方の四大仙薬のひとつで「太陽の草」と呼ばれている。東晋の葛洪は『抱朴子』に「昔の人はこれで土の気を得て天地の英気を養い、古くは黄精と呼ばれた」と書いている。天台山の農民は黄精を掘り9回蒸して9回干してから食用にした。血圧や血糖値、血中脂肪を下げる効果がある。

泳渓香米《えいけいこうまい》

自然に育くまれた高品質の米

泳渓香米は海抜６００ｍ以上の山に育ち、肥沃な土壌と高山の冷たい水田で育つので成長の周期が長く、昼夜の温度差が大きく、害虫が少ない。日照時間も長く、米作りにはとりわけ恵まれた自然条件を備えている。栄養が豊富で質が高く、遠く北京や杭州、上海などでも販売されている。

天台小狗牛《てんだいしょうくぎゅう》

栄養価の高い神奇な動物の肉

「小狗牛」は犬より少し大きく、牛よりかなり小さい。天台山に生息する神奇な動物である。長年山の上で野草や仙薬を食べているので肉はおいしいだけでなく栄養価が特に高い。面白いことに年越しのときだけ家に帰り、普段は悠々自適に山で暮している。

白鶴袜子《はっかくばっし》

買えないものはない、靴下の博覧会

白鶴国際靴下専門店の靴下はすばらしいものがたくさんある。男性用、女性用、子供用、ストッキング、スパッツまで全て揃っている。買えないものはなく、珍しいものばかりがある。オーダーメイドで好みの靴下を作ることもでき、靴下の手工芸品は驚くほど価格が安い。

天台の食

この世の中で美しい景色と絶品料理だけは失望することがない。舌で味わった魅惑の極致はいつまでも記憶に残る。天台は美食の宝庫である。食べ物で癒される地なのである。

天台に行ったら外せない格別な味　餃餅筒《ジアオビントン》

天台に来たら必ず味わうべき軽食。済公が創作したと伝わり、非常に凝って作られている。「五虎擒羊《ウーフーチンヤン》」と呼ばれ、具の肉や豚の肝、卵の白身、魚、豆腐をえのき、キクラゲ、春雨などと分けて順番通りにクレープの皮に置いて巻きあげ焼いたもの。お酒との相性は最高だが、お酒が飲めない場合はお粥と食べるとおいしい。

好みによって自由自在の天台ソウルフード　糊拉汰《フーラータイ》

別名「糊拉拖《フーラートゥオ》」、小麦粉を薄くペースト状にし、クレープのように円形に薄く焼いたものの上にじゃがいもの千切り炒めやもやし、ナスなどの野菜や豆腐、卵など様々な具をのせて作ったもの。好みによってさまざまな糊拉汰ができる。サクサクした触感で、1分ほどですぐに出来上がるので地元の人の日常食となっている。

和合唐詩宴 ホーホータンシーイェン

身体をいたわる養生食材

天台山は中国の和合文化発祥の地である。同時に浙東唐詩ロードの主な目的地でもある。和合唐詩宴には天台山特有の養生食材がふんだんに使われており、唐詩の文化と融合している。素材本来の味が身体によい効能があるだけでなく、美しい和合と融合を意味している。

麦餅 マイビン

色々な味を試したい「天台ピザ」

「天台ピザ」と呼ばれる天台の一般的な軽食である。食べるときには、3本の箸を使うと言われている。左手で1本の箸で麦餅をおさえ、右手でひと組の箸で切り分けて醤油や酢に浸けて食べる。中に入れる具にはさまざまな選択肢がある。豆腐麦餅やジャガイモ麦餅、漬け物麦餅など好きな味を楽しめる。

扁食 ピエンシー

餃子でもワンタンでもない、天台だけの味

天台の扁食は小麦粉で作ったもので、北方の餃子、南方のワンタンに少し似ているが、餃子よりも手が込んでいて、ワンタンよりもふっくらしている。具の多様性は餃子よりワンタンに似ており、形は耳のようである。扁食は春節にはかかせない食べ物で、スープにしたり焼いて食べることもできる。

宴席に欠かせないもち米ケーキ　糯米蛋糕《ヌオミーダンガオ》

糯米蛋糕は水晶蛋糕とも言い、天台の宴席で最も特色あるお菓子である。小麦粉を使わず白玉粉でつくられるので、「天台糯米蛋糕」とも呼ばれている。材料の白玉粉と卵、白砂糖の比率は１：１：１。冷めても美味しく食べられるので、携帯に便利である。

豊作を願い丁寧に蒸しあげる　街頭糕粘《ジエトウガオニエン》

糕粘は別名「糕稔《ガオレン》」とも言う。糕稔は米の豊作を祝うお菓子である。作り方はやや複雑で、まずはよいうるち米を選ぶことから始まる。よく洗ってからござで半日ほど日干しし、さらに研ぐ。よく研いだあとも、殻や米ぬかをふるいにかけて落としてから、せいろで蒸す。手はかかるが、とても美味しく仕上がる。

ボリュームたっぷりの定番麺　麺脳麺《ミエンナオミエン》

麺脳麺は手打ち麺をメインに肉や野菜を添えたボリューム満点の麺である。天台のほぼ全ての食堂で見ることができる。材料は麺の他に黒キクラゲや肉団子、ゆば、「豆腐干、野菜、タケノコなど多数ある。肉団子を作るときには肉のすり身に卵の白身を混ぜる。麺脳麺は天台の人々の温かいもてなしの象徴である。

糊辣沸 フーラーフェイ

元宵節に家族で食べるビーフンスープ

元宵節は天台特有のものではないが、どの家も、老いも若きもこぞって元宵節に「糊辣沸」を食べる風習は天台の大きな特徴である。これはビーフンを使った塩辛いスープだが、肉の赤身やタケノコ、シログワイ、薫製豆腐干、ピーナツ、ほうれん草などの具をすべて細かく刻み、豚の耳や黒キクラゲなども加える。

冬至丸 ドンジーワン

甘くてモチモチ、食べごたえのあるお餅

湯圓《タンユエン》に似ているが餡がなく、ひとまわり大きい。沸騰したお湯で煮てから取り出し、自家製の黄色い粉にまぶす。食感は綿あめのように柔らかいが、綿あめのような甘さはない。湯圓の粘っこさはあるが脂っこさはない。柔らかさと粘りが極まり、香りがしっかりと残り、後味が長く続く完璧な食べ物である。

九大碗 ジウダーワン

おめでたい9皿の豪華料理

九大碗は天台の人々が結婚式の宴会に使用する伝統的な料理である。全部で9つあるお碗の料理にはそれぞれに意味があり、盛り付けの順番も決まっていて縁起の良い意味が込められている。また、「九」と「久」が同じ発音であることから、天台の人々は「九」を「縁起」の象徴と考えている。

天台のお薦めグルメ店

御《ユィー》清《チン》齋《ヂャイ》天《ティエン》台《タイ》民《ミン》間《ジエン》小《シャオ》吃《チー》

住所：労働路天一街58号
電話：0576-83988608

天《ティエン》台《タイ》記《ジー》憶《イー》餐《ツァン》庁《ティン》

住所：天台県赤城大厦二楼
電話：83882881

新《シン》陽《ヤン》光《グアン》

住所：赤城街道百花路88号（石梁嘉里センター入口）
電話：0576-83819999

土《トゥー》灶《ザオ》头《トウ》

住所：天台県始豊街道百福路29号
電話：0576-83806116

美食の宝庫、天台に来たらぜひ行きたいお薦めのグルメ店。せっかくなら中国語で注文してみてはどうだろうか。天台のおもてなしと共に美食を堪能したい。

汇泉楼《フイチュエンロウ》

住所：天台県始豊街道東河路111号二楼
電話：13968590330

レストランでとっさの一言！

食事をするときになにか一言、言えるといいですよね。中国には56の民族がおり、地域や民族によって異なる方言が使われています。そのためコミュニケーションをとるために標準語である「普通話」が作られました。ここでは普通話を元にしたカンタン会話をご紹介します。

※「普通話」は学校や公共の場所で使われますが、地方にはそれぞれの方言があるため、通じない場合もあるのでご注意ください。

基本のあいさつ

こんにちは　你好（ニーハオ）／ありがとう　谢谢（シエシエ）

レストランで使うフレーズ

温かいお湯をください　→　请给我热水（チンゲイウォールーシュイ）

メニューを見せてください　→　请给我看一下菜单（チンゲイウォーカンイーシアツァイダン）

これは何の料理ですか　→　这是什么菜？（ジャーシーシェンマツァイ）

すみません、注文お願いします　→　你好，我要点菜（ニーハオ、ウォーヤオディエンツァイ）

これにします　→　我要这个（ウォーヤオジェイガ）

おいしいです　→　很好吃（ヘンハオチー）

現金で会計お願いします　→　我用现金结账（ウォーヨンシエンジンジエジャン）

知っておくべきフレーズ

トイレはどこですか　→　请问洗手间在哪里？（チンウェンシーショウジエンザイナーリ）

トイレットペーパーはどこで売ってますか　→　请问哪里卖卫生纸？（チンウェンナーリマイウェイシェンジー）

天台宿泊

宿泊施設はもはやただ滞在したり眠るだけの場所ではない。旅行は疲れるが楽しいことである。たくさんのエネルギーを消費した後に、快適な場所で元気をよみがえらせることはとても重要だ。

中国初の星野リゾートが来春オープン

天台嘉助《ティエンタイジアジュー》ホテル

緑城星野リゾートホテルプロジェクトは星野グループと提携し、中国初の星野グループ傘下の高級リゾートホテル建設に取り組んでいる。天台山の中核エリアに位置し、朝夕は森を散歩して飛び回る鳥を眺め、風のささやきや鳥のさえずりに耳を傾ける。自然の美しさに浸り穏やかに過ごすことができる。

住所：浙江省天台山緑城蓮

※2020年10月13日に東京で、2021年春に「星野リゾート 嘉助天台」がオープンすると記者発表された。

自然の中で味わう贅沢

天台賓館《ティエンタイピングワン》

四つ星ホテルの天台賓館は有名な国家風景エリア国清寺のそばにある。よい立地と典雅な装飾が施された建物。曲がりくねった回廊をいくとハスの花と山がお互いに引き立て合うのが見える。清新な空気、遠くには山をのぞみ、近くには魚を見る。周囲は林に囲まれ、鳥の鳴き声と谷川の水の音が聞こえる。

アクセス：国清寺そば

電話：0576-83988999

温泉山庄《ウェンチュエンシャンヂュアン》　温泉をテーマにしたホテル

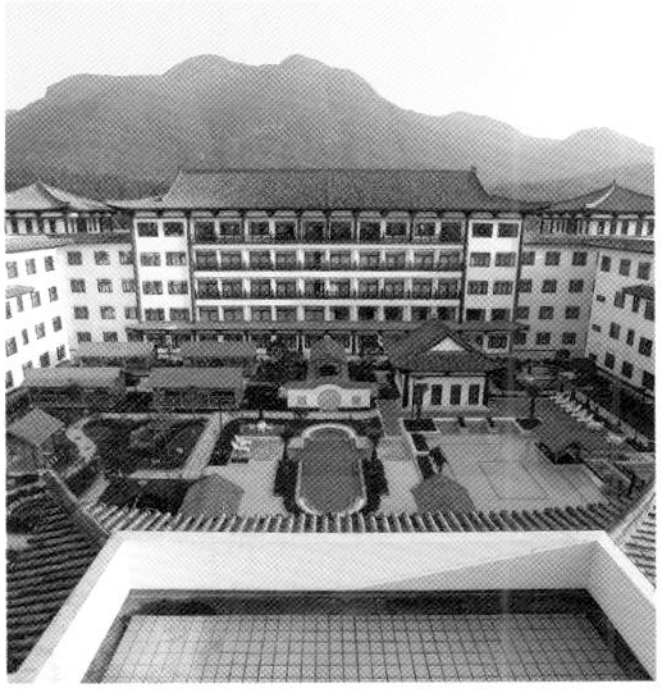

温泉山庄の建築様式は唐の建築を模して、とり囲まれた庭を中心に全体の建物は高さを揃えず古めかしく、ひさしが深い。370ある客室はすべて中国風の装飾が施され、広くて清潔で高級感がある。広大な敷地にはプールもあり、開放感があるので敷地内を散歩しても楽しめる。天台県で唯一の温泉のあるホテルである。

住所：国清景区国赤環線
電話：0576-83958888

金字華美達《ジンズーホワメイダー》ホテル　きめ細やかなサービスが嬉しい

高品質のサービスと設備。あらゆる面から考え抜かれたデザイン。金字華美達ホテルブランド独自の専門管理と細やかなサービスを守り、宿泊客に最高の中国体験を提供する。フロントは24時間、無料Wifiなどかゆいところに手が届き、ひときわすぐれた品質が光る。国清寺から7キロ。

アクセス：天台県和合北路と済公大道の交差点
電話：0576-83936666

天台雷廸森容園《ティエンタイレイディーソンロンユエン》ホテル　天台ならではの絶景を堪能

浙江省国家5A級風景区天台山エリアの入口にある。「天台」の景色がこのホテルに杜甫の詩(望岳)にいう「(山頂から小さく見える)山々を見下ろす」の風格を与えている。雷廸森ブランドの核心は「他とは違う非凡な体験」である。おいしい料理は友人や家族と過ごすのに最適であり、宴会にも活用できる。

アクセス：浙江省天台県寒山路468号
電話：0576-83908888

ハイエンドな
ビジネス使用に

天台泰和開元大《ティエンタイタイホーカイユエンダー》ホテル

アクセス：天台県済公大道666号
電話：0576-83909999

立地がよく交通の便もよい上に天台バスターミナルセンターに隣接している。客室は上品で高級感あふれるデザイン、派手さを控えた十全な設備はビジネスから会議までハイランクな環境を提供。迫力ある泰和ホールの総面積は１０００㎡近くもあり、１０００人が同時に食事できる。有名シェフによる料理を堪能できる。

洗練された
デザインを楽しむ

森然梧桐《ソンランウートン》ホテル

アクセス：天台県赤城街道工人西路188号
電話：0576-83885999

立地と交通の便がよく、旅行にもビジネスにも最適のホテルである。ホテルデザインの最高峰ＢＬＤが設計したインスピレーションの源は流行の最先端、パリ。ホールの角度設計の構想はパリの俯瞰図が元になっている。客室もフランスの雰囲気がたっぷりでロマンチックでありながら緻密なしつらえとなっている。

詩的な世界と
自然を感じるホテル

廬境天台度假《ルージンティエンタイドゥージア》

アクセス：天台国清寺エリア入口
電話：0576-83958999

風光明媚な天台山に面し、隋代の古刹、国清寺に隣接しており前には清流、横にはあぜ道、遠くに赤城山の霞たなびく姿が見える。陶淵明の詩に描かれた、人が住む場所でありながら喧噪から離れた田園の詩的な世界と自然の旅を味わえるホテルであり、天台のツツジをテーマにした初めてのホテルである。

Accommodation in Tendai

アクセス：天台県游客中心和合東街８号
電話：0576-83653333

禾《ホー》ホテル

五感を解放するホテル

静謐でありながら温かみを備えたホテル。ゆったりとしていて心の安らぎを邪魔する事がない。宿泊客はわずらわしいことを忘れて心の柔らかさを呼び起こし、五感を開放する。ホテルは天台の自然と調和し、独特な居心地のよいスタイルを追求している。儒家の穏やかな内省と禅の境地が盛り込まれた包容力のある雰囲気だ。

住所：天台平橋鎮溪団村
電話：0576-83679668

舎不得《シェーブデ》

茶と禅をテーマにした民宿

夜は更けて通り過ぎる車の音も聞こえなくなり、窓の外の街灯さえも静かに消えていく。パソコンのスクリーンの言葉がずっと頭に浮かんで離れない。自分のルーツは離れ難く、我が家は離れ難く、慣れ親しんだ質素な生活は離れ難く、自然は離れ難く、深い故郷への思いは名残惜しい…。

住所：天台雷峰郷里良村
電話：0576-83775666

風来半山《フォンライバンシャン》

学問の香りを
テーマにした民宿

「風来」は北宋の邵雍が書いた詩からとり、山の中腹にあるので「半山」という名前が付けられている。緩やかな坂をのぼり、頭を上げると「風来半山」の看板がある。詩情あふれる村の中にやさしくたたずみ、まるで母親のように温かく迎え入れてくれる。この山奥に埋もれた静かで優雅な宿で、いつもと違う体験ができるだろう。

歳月をテーマにした民宿

和合清泉《ホーホーチンチュエン》

趣向を凝らした民宿には独特の魅力がある。和合清泉はレトロな物であふれかえっている。磁器のコップ、ちりとり、木箱、古いスピーカー…。主人は旅人の失った生活の記憶を思い出してもらえることを願って古い物を収拾しては修理している。長い歳月を感じながら旅の疲れを吹き飛ばし、心の奥にあるふるさとを思い出す。

住所：天台県街頭鎮山頭下村
電話：15205863878

茶と植物の空間をテーマにした民宿

花谷閑農《ホアグーシエンノン》

多くの人は自分の家を持ち、前庭には花を植え、裏庭では野菜を育てて晴耕雨読の生活をしたいと願っている。花谷閑農のオーナーもまさにその１人で、塔後にそのような宿を作った。夕方到着するゲストは門の温かい灯りに迎えられ、門を開けて竹の小道を通れば、我が家のような温かみを感じられる。

住所：天台赤城街道塔後村
電話：15888652409

隠棲をテーマにした民宿

隠泉《インチュエン》

小さな建物に続く小道をいくと庭があり、とても静かな雰囲気だ。石畳が敷かれ、隙間には小石が埋め込まれている。めぐる流れには蓮が植えられ、生き生きと泳ぎ回る錦鯉と葉隠れに湧き出る泉は、隅々までオーナーの好みが表れている。建物の中に入ると、まるで異空間にいるかのような感覚になる。

住所：天台街頭鎮後岸村
電話：13732341999

Accommodation in Tendai

遇見《ユィージェン》
工業風をテーマにした民宿

住所：天台街頭鎮後岸村
電話：18367678858

旅の途中でさまざまな風景に出会い、同じような興味を持つ人々に会って一緒に遊びに行くのは楽しいことである。ここは特に若者に人気がある。大きな理由はなく、一目で気に入ってしまうだろう。リラックスした雰囲気やホストの温かい笑顔のためかもしれない。共通の話題を持つ客に会えば、更に楽しい旅になるだろう。

景和居《ジンホージュ》
郷愁をテーマにした民宿

住所：天台山赤城街道塔後村
電話：13616687771

山の麓のお茶は濃く、渓流の音は澄んでいる。休暇に友達と集まれば、景和居は来た人ひとりひとりを慰めてくれる。小川のせせらぎを聞きながらお茶の品評を楽しめる。ありのままの当地の風情を感じ、多彩な文化の特徴を体験する。懐かしい郷愁と新しい郷土が合わさって、温かみのある民宿となっている。

浪水溪山居《ランシュイシーシャンジュ》
禅と茶をテーマにした民宿

住所：天台石梁鎮岩下墩村口
電話：0576-82372188

ここでは唐詩と禅茶が融合している。民宿は岩下墩村口の浪水溪のほとりにあり、五つの峰に囲まれ、竹林がすぐそばに迫っている。くねくねとした小道や花や緑溢れる禅房は禅の雰囲気に溢れ、浪水溪小橋を渡れば一歩ごとに唐詩を感じ、庭を見れば一花ごとに世界が広がる。まるで桃源郷のようだ。

和合文化をテーマにした民宿

寒山隠院《ハンシャンインユェン》

寒山隠院は竜渓郷寒岩村にあり、和合文化をテーマにした宿である。趣のある四合院に入ると、まるで別の時空に入ったかのようだ。四合院の特色を残しながら、部屋の中はスイッチやコンセントからフロアヒーティング、スマートTV、スマートエアコンに至るまでＡＩ技術が行き渡っている「スマート民宿」である。

住所：天台竜溪郷寒岩村
電話：13806586027

生活と禅をテーマにした民宿

花谷梅縁《ホアグーメイユエン》

花谷閑農の姉妹宿。部屋は広く立地がよく、外には大きな芝生が広がっており易筋経（呼吸法）の練習もできる。禅の暮らしをテーマにした宿で、部屋の名前にも薪、米、油、塩など生活に密接なものが使われている。自宅のように料理をしたりお茶を飲んでおしゃべりしたり、ちょっとした集まりを開くこともできる。

住所：天台赤城街道塔後村
電話：15888652409

道教をテーマにした民宿

尋山度過《シュンシャンドゥーグオ》

静かな天台の民宿は懐かしさを感じる場所だ。自然と密接につながり生命の神髄に触れることができる。1階はホール、2階と3階は部屋とテラス。9つの部屋があり善居、善仁、善道など全て善の名がつけられている。ほとんどの部屋に大きな窓があり、景色を一望することができ、優雅な気持ちで楽しく過ごすことができる。

住所：天台赤城街道塔後村
電話：13968473232

住所：天台県泳溪郷北山村
電話：18069369090　0576-83886088

惑者山宿《フォジャーシャンスー》　パイオニアをテーマにした民宿

廃校になった小学校を改装して山の宿にしている。都会の縛りから逃げ出して、枕を抱いて横になり、星と山里の美しい夢を語り合ってみよう。唐詩の中の雲頂源茶を味わい、隋代の古寺の近くで世俗を離れて身を清める。月火水木は街で奮闘し、金土日は山の中で、日の光で目覚めよう。

住所：天台山石梁緑城蓮花小鎮
電話：0576-83991588

台岳精舎《タイユエジンシェ》　禅の修養をテーマにした民宿

この民宿は養生理念を取り入れ、短時間で人生に対して悟りを得られるような場所になっている。それぞれの部屋にテーマがあり、「座忘」「抱朴」など名前にも工夫が凝らされている。庭も時空を超えたかのような造りになっている。仏教文化を取り入れ、宿泊客がリラックスして本当の自分の生活や考えを探せることを願っている。

住所：天台塔後村近赤城山入口
電話：13967600755

上嶴里《シャンアオリー》　健康をテーマにした民宿

吹き抜ける風、水田のさざ波、木の歩道が別世界に連れて行ってくれる。ここは塔後村で最初に建てられた民宿の一つで、あまり宣伝もしておらず、目立たないが人気がある。暖かい光がコーヒーテーブルに降り注ぎ、リラックスした笑顔を照らし出す。お茶を飲み、お喋りをする、すべてが穏やかで美しい。

天台山ノヒミツ

天台は県になって1800年余り、自然環境に恵まれ歴史と文化は古く、「仏教と道教の源、自然が素晴らしい」ことで名高く、儒教・仏教・道教の三教が融合した「聖地」である。

天台山の文化は養生文化に富んでいる。漢の時代から唐・宋の時代にかけて、天台山は「仙山」と呼ばれる中国道教の養生発祥地となり、南宋養生術は中国伝統養生術の主流となった。宋代の天台山出身の張伯端《ちょうはくたん》は道教南宗を創始し、道教養生の書である『悟真篇』を著し、道教養生の理論と方法の発展に重要な貢献をした。ノーベル医学賞を受賞した屠呦呦《とゆうゆう》は、天台山の道士、葛洪《かっこう》が書いた古代の医学書『肘後方』に啓発され、100%治療効果があるアルテミシニンの発見に成功した。

智者大師智顗《ちぎ》は中国仏教の最初の宗派である天台宗を創始し、その「天台思想」は心・呼吸・身体を調えることを提唱し、多くの古代の人々はその思想を学ぶことで健康の実益を得た。

近年、中国体育総局が推進している4つの健康法のうち2つは天台山に由来するもので、「少林」の痕跡が残る「易筋経」(呼吸法)は実際に紫凝道人宗衡《そうこう》が武術と気功に先駆けて作りだしたものであり、また、「六字訣」は天台の呼吸法で、隋の時代の智者大師智顗の著作にすでに記録されている。

天台山の薬草は秦・漢の時代から有名で、「東南の薬草の宝庫」と呼ばれている。天台山には烏薬《うやく》、黄精、鉄皮石斛《てっぴせっこく》など貴重な漢方薬が千種類以上ある。鉄皮石斛は道教の医学の古典『道蔵』の中で「中国九大不老不死草」の筆頭に挙げられ、天台には中国最大の鉄皮石斛の栽培拠点がある。「天台烏薬」は中医学の「不老不死薬」であり、品質は中国随一である。さらに「金丹神液」として評判の黄精、天台山雲霧茶《うんむちゃ》、ヨモギなどもある。

鉄皮石斛は断崖絶壁に生育し、自然繁殖率の低さと乱獲のため国の絶滅危惧野生植物にも指定されている。天台山は中国で公認されている鉄皮石斛原産地の一つである。

また「天台烏薬」は、烏薬の中の最高級品である。本草の典籍には「烏薬は天台産が優れているので、古くは天台烏薬または台烏薬といわれた」と記載されている。「天台烏薬」は白くて柔らかくて香りが良く、品質は国内最高級で、周の時代から現在に至るまで２０００年以上の長い歴史と文化を持ち、中医学の歴史の中では燦然と輝く真珠のような存在である。

史料によると、「天台烏薬」は精気を補い、胃腸の調子を整えるというその特別な治療効果のために宮廷で用いられていた。また烏薬にまつわる伝説で最も古いものは、秦の始皇帝の時代に遡ることができる。始皇帝が徐福に「不老不死の薬」を探しに行かせ、徐福が最終的に見つけたものが「天台烏薬」という名前の「不老不死の薬」だったのである。その後、「天台烏薬」は徐福と共に船で海を渡り、日本で有名になった。唐の時代には日本に渡った鑑真が光明皇后の頑固な病を「天台烏薬」で治し、それ以来、「天台烏薬」は「不老不死の薬」と称えられ、日本では高く評価されている。今日に至るまで、日本では「天台烏薬」を使った「不老不死茶」や「徐福茶」といった健康食品が人気を集めている。

東晋の干宝による『捜神記』と南朝の劉義慶による『幽明録』の記録によると、後漢の永平５年、剡県《えんけん》の劉晨《りゅうしん》と阮肇《げんちょう》が地元で流行している病を治すために薬を探す旅をしていて、苦労の末たどり着いた天台山で烏薬を探していたところ、偶然二人の仙女に出会い、もてなしを受けて結婚した。半年後、故郷に帰りたいと言うと、２人の仙女は地元の人々の病気の治療のために「天台烏薬」を贈った。２人が故郷に帰るとすでに世の中は七世代も時が経っていたという。

清の乾隆帝の時代には「天台烏薬」は朝廷に献上されており、『康熙天台県志』にも献上された数量の記載がある。このように「天台烏薬」は歴史上のどの時代にもその名を馳せている。

日本―天台への行き方

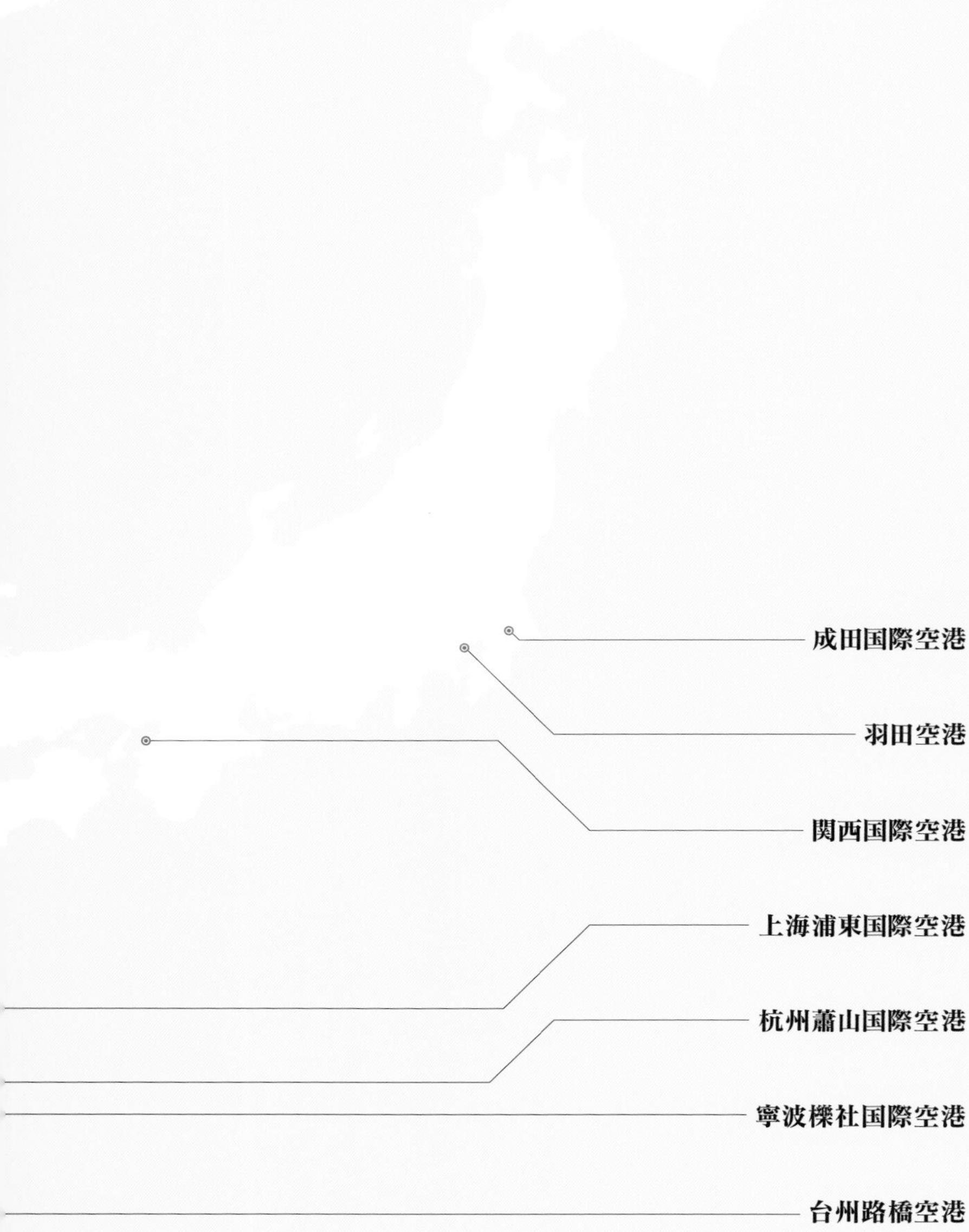

直行便

東京—杭州

発着時間	航空会社 / 便名	出発空港	到着空港	航空機
17:00→19:15	エアチャイナ/CA146	成田国際空港第一ターミナル	蕭山国際空港	エアバス330
10:00→12:50	ANA/NH929	成田国際空港第一ターミナル	蕭山国際空港第二ターミナル	エアバス320

上海経由

東京—上海

発着時間	航空会社 / 便名	出発空港	到着空港	航空機
9:30→12:00	ANA/NH919	成田国際空港第一ターミナル	浦東国際空港第二ターミナル	ボーイング787
13:45→16:20	ANA/NH959	成田国際空港第一ターミナル	浦東国際空港第二ターミナル	ボーイング787
18:30→21:10	ANA/NH971	羽田空港第三ターミナル	浦東国際空港第二ターミナル	ボーイング787

大阪—上海

発着時間	航空会社 / 便名	出発空港	到着空港	航空機
17:55→19:35	吉祥航空/HO1334	関西国際空港第一ターミナル	浦東国際空港第二ターミナル	ボーイング787
16:05→17:55	ANA/NH975	関西国際空港第一ターミナル	浦東国際空港第二ターミナル	ボーイング767
9:15→11:15	ANA/NH973	関西国際空港第一ターミナル	浦東国際空港第二ターミナル	ボーイング767

※以上の運航便は一部の情報です。ご利用の際は最新の状況をご確認ください。

お薦めルート（天台への最短ルート）

上海—臨海、三門：高速鉄道、鉄道

列車番号	時間 / 出発駅	時間 / 到着駅
D3201 高速鉄道	8:18/上海虹橋	11:33/臨海
G7537 高速鉄道	11:29/上海虹橋	14:23/三門県

基本路線

上海—杭州：高速鉄道、鉄道

列車番号	時間 / 出発駅	時間 / 到着駅
G7533 高速鉄道	16:53/上海虹橋	17:48/杭州東
D2285 高速鉄道	9:03/上海虹橋	10:17/杭州東
K759 鉄道	12:01/上海南	14:33/杭州南

上海—台州：高速鉄道、鉄道

列車番号	時間 / 出発駅	時間 / 到着駅
G7503 高速鉄道	8:04/上海虹橋	11:06/台州
G7545 高速鉄道	15:47/上海虹橋	19:02/台州

※以上の運行便は一部の情報です。ご利用の際は最新の状況をご確認ください。

浙江省各都市—天台
への行き方

上海虹橋駅
上海南駅
杭州バスターミナルセンター
杭州東駅
杭州南駅
天台県バスターミナルセンター
天台山観光センター
臨海花北駅
臨海新総合バスターミナル
三門県駅
三門県バスターミナルセンター
臨海駅
台州駅
台州総合バスターミナル
台州西バスターミナル
台州南バスターミナル